高职高专园林景观类专业规划教材

园林景观政策与法规

主　编　阎　媲
副主编　王晓元　王菁华

机械工业出版社

本书对我国园林景观领域内现行的城市规划法规、城市绿化法规、风景名胜区法规、工程建设法规、合同法规、城市市政公用事业法规、森林法规和公园管理法规以及其他相关政策法规作了比较全面系统的介绍。每章后附有案例评析和思考练习，以培养学生分析问题和解决问题的能力。

本书在理论体系、组织结构、内容安排上贯彻了素质教育的思想，具有较好的系统性、完整性、通用性和实用性，对全面了解和掌握园林景观行业的相关政策法规知识有很大的帮助。

本书是高职高专园林景观类专业的法规课程的教材，也可作为园林景观企业的职业培训教材以及广大园林景观工作者的参考书。

图书在版编目（CIP）数据

园林景观政策与法规/阎娓等编著 . —北京：机械工业出版社，2007. 8
（2025. 9 重印）
高职高专园林景观类专业规划教材
ISBN 978-7-111-22173-9

Ⅰ. 园…　Ⅱ. 阎…　Ⅲ. 园林—城市建设—法规—中国—高等学校：技术学校—教材　Ⅳ. D9223. 297

中国版本图书馆 CIP 数据核字（2007）第 128099 号

机械工业出版社（北京市百万庄大街 22 号　邮政编码 100037）
责任编辑：赵　荣　版式设计：霍永明　责任校对：唐海燕
封面设计：张　静　责任印制：张　博
北京建宏印刷有限公司印刷
2025 年 9 月第 1 版第 22 次印刷
184mm×260mm　·11 印张·220 千字
标准书号：ISBN 978-7-111-22173-9
定价：38. 00 元

电话服务　　　　　　网络服务
客服电话：010-88361066　机　工　官　网：www.cmpbook.com
　　　　　010-88379833　机　工　官　博：weibo. com/cmp1952
　　　　　010-68326294　金　书　网：www.golden-book.com
封底无防伪标均为盗版　机工教育服务网：www.cmpedu.com

丛　书　序

近年来，园林景观学科在我国发展方兴未艾，我国的城市化进程和环境建设以前所未有的高速度向前推进，全国各地都出现了园林景观设计的热潮，景观建设已经成为城镇建设的重要内容。我国的基本建设工作程序中，也进一步明确了园林景观建设与设计的企业资质核准制度，有力地保障了景观建设的健康发展，我国的大部分景观建设项目的规划与设计也由相应的专业设计单位完成。2004 年 12 月 2 日，景观设计师被国家劳动和社会保障部正式认定为我国的新职业之一，2005 年 6 月我国成功加入国际景观设计师协会（IFLA），北京申奥成功、上海申博成功、房地产业升温等一系列利好消息，让建筑景观、道桥景观、大地景观等的概念逐渐成熟，景观房型、景观住宅等居住理念也家喻户晓，城市周边景区、城市公园、街头绿地、滨水景观等各种城市公共绿地及旅游休闲场所的建设得以日益重视，这些为园林景观行业及从业者带来了难得的发展机遇，根据我国目前园林景观发展的现状，有专家认为，预计到2010 年全国专业需求人员将超过 10 万人。

园林景观设计师从事的工作领域涉及环境景观建设的诸多要素，因此需要从业人员具备良好的工作素质。比起大刀阔斧的城市规划，景观设计师的功力在于城市环境的精雕细琢，所以又称为城市美容师，他们不是简单地做做设计、画画图纸，一个优秀的景观设计师需要懂得城市规划、生态学、环境艺术学、建筑学、园林工程学、植物学，以及人文心理学、社会科学方面的知识。也就是说，要熟知自然科学、社会科学和工程学三个方面，了解景观环境设计艺术与硬科学、工程技术的关系，掌握城市景观环境规划设计的技能。

我国目前园林景观从业人员严重不足，尤其是具备一定专业技能的从事一线施工、管理、设计的高职高专人才。本系列教材的编写与出版将对我国园林景观方面高职高专人才的培养、园林景观建设质量的提升及相关专业人才的培训提供有力的支持。本系列教材共分 14 册：园林景观设计初步、园林景观制图、中外园林史、园林景观树木学、园林景观花卉学、园林景观艺术鉴赏与评析、计算机辅助景观园林设计、园林景观建筑设计、园林景观规划与设计、园林景观绿化种植设计、园林景观工

程、园林景观工程概预算、园林景观施工与管理、园林景观政策与法规等，涉及园林景观学科教育教学的各个阶段及环节的专业知识，全套书的编写注重原创、突出案例和实训，编写内容力求继承与创新、全面与系统、实用与适用。

本系列教材的编写人员由来自青岛理工大学、华中科技大学、大连理工大学、安徽建筑工业学院、福建农林大学、海南热带农业大学、西安建筑科技大学、嘉兴职业技术学院、苏州农业职业技术学院、福建林业职业技术学院、海南职业技术学院、武汉商贸职业学院、鄂州大学、重庆三峡学院、河南科技学院、湖北省恩施职业技术学院、武汉职业技术学院、湖南环境生物职业技术学院、平顶山工学院等数十所大中专院校的近百名长年从事园林景观教学、实践的专家学者组成编写组，横跨中国东北、西北、东南、西南等各区域，具有广泛的地域代表性，适用于我国大部分地区高职高专园林景观类专业的教学及培训工作。本系列教材由我国资深园林景观专家西安建筑科技大学的佟裕哲教授担任主审。

本系列教材适宜于高职高专院校及相关培训机构的景观建筑设计、风景园林、园林、园艺等专业教学，同时可供建筑学、城市规划、环境艺术、环保、旅游等多个专业的学生教学、职业培训及相关工程技术人员参考使用。

丛书编委会

前　言

本教材是在教育部有关高职高专教材建设的文件精神的指导下，以高职高专园林景观专业学生的培养目标为依据编写的。教材在编写过程中征求了有关专家、教师以及企业的意见和建议，具有较强的实用性和针对性。

为了把学习知识、培养能力与提升综合素质有机地结合起来，以适应新时期社会对园林景观专业人才法律素质的要求，本教材在编写过程中注重了以下几个方面：

(1) 内容全面、突出重点。教材基本上包括了与园林景观专业密切相关的主要政策和法规知识，涉及到城市规划、城市绿化、风景名胜区、工程建设、合同、城市市政公用事业、森林与公园管理、村庄和集镇规划建设管理、环境保护、园林绿化企业等方面。但在具体内容安排上，重点介绍了各项政策和法规的主要内容，并不全面展开论述。

(2) 结构完整、组织清晰。每章之前设有教学要求和知识要点，对本章内容起到提纲挈领的作用，便于学生快速顺理本章脉络。每章内容均由立法概况、政策法规的具体内容、违法责任等组成，并选取三个具有代表意义的典型案例进行评析，便于学生更好地理解政策法规在实际中的应用。每章最后附有思考题，既是对学习成果的检验，又是对所学内容的进一步巩固。

(3) 注重理论联系实际。教材内容以国家最新颁布的政策和法规为依据，紧密结合园林景观的生产实际，加强学生识别、判断在园林景观规划建设和经营管理活动中合法与违法界线的能力，培养依法从事园林景观工作的基本技能。大量的案例评析，便于学生将所学理论同实际案例相结合，提高学生分析问题、解决问题的能力。

学生在学习时要注意以下几个方面：

(1) 学会查阅教材所涉及的政策、法规的原文，认真学习、全面领会、准确理解其精神实质。注意有关法律法规的修改和调整，明确修改和调整的目的和意义、新法和旧法的区别。

(2) 园林景观是一门涉及面广、综合性较强的学科，在充分理解它与其他相关

学科联系的基础上，注意理顺园林景观法规和这些相关学科法规的关系，从而更好地协调与其他领域的活动。

（3）注意全国性法规与地方性法规的联系，准确把握本地区各项政策法规的特色和具体要求，因地制宜地应用地方性法规为当地的园林景观事业服务。

只有这样，才能更好地学习和掌握园林景观政策法规知识，培养和提高综合职业能力。

本书免费提供电子教案，方便本教材授课教师使用。

因编者水平所限，书中难免有不妥和疏漏之处，敬请各位专家、教师和读者批评指正。

阎娓于青岛理工大学

目　　录

绪　论

随着社会的进步、经济的发展，制定完善的园林景观法规已经成为城市建设与管理法制化的重要组成部分。法制化是现代社会的主要特征之一，也是城市绿化建设的科学合理性得以实现的必要条件之一。建国几十年来，我国逐步把园林法令纳入国土规划、区域规划、城乡建设与环境保护等领域，在园林景观法规体系建设方面进行了很多探讨和实践。

法规体系，通常指由一个国家的全部现行法律规范分类组合为不同的法律部门而形成的有机联系的统一整体。任何一个国家的各种现行法律规范，虽然所调整的社会关系的性质不同，具有不同的内容和形式，但都是建立在共同的经济基础之上，反映同一阶级意志，受共同的原则指导，具有内在的协调一致性，从而构成一个有机联系的统一整体。

园林景观法规体系按其立法权限可分为 5 个层次：

（1）法律　是指由全国人民代表大会及其常务委员会通过的规范工程建设活动的法律规范，由国家主席签署主席令予以公布。如《中华人民共和国城市规划法》，中华人民共和国主席第 23 号令，1989 年 12 月 26 日第七届全国人民代表大会常务委员会第十一次会议通过，予以公布。

（2）行政法规　是指由国务院根据宪法和法律制定的各项法规，由总理签署国务院令予以公布。如《城市绿化条例》，李鹏总理签署中华人民共和国国务院第 100 号令，于 1992 年 5 月 20 日国务院第一○四次常务会议通过，予以发布。

（3）部门规章　是指各部（如建设部）按照国务院规定的职权范围，独立或同国务院有关部门联合根据法律和国务院的行政法规、决定、命令，制定的各项规章。如属于建设部制定则由部长签署建设部令予以公布。如《风景名胜区规划规范》（GB 50298—1999），由国家质量监督局、中华人民共和国建设部于 1999 年 11 月 10 日联合发布，自 2000 年 1 月 1 日起实施。

（4）地方性法规　是指在不与宪法、法律、行政法规相抵触的前提下，由省、自治区、直辖市人大及其常委会制定并发布的园林景观方面的法规。包括省会（自治区首府）城市和经国务院批准的较大的市人大及其常委会制定的，报经省、自治区人大或其常委会批准的各种法规。如《北京市城市绿化条例》，1990 年 4 月 21 日由北京市第九届人民代表大会常务委员会第十九次会议通过。

（5）地方性规章　是指省、自治区、直辖市以及省会（自治区首府）城市和经国务院批准的较大的市的人民政府，根据法律和国务院的行政法规制定并颁布的园林景观方面的规章。如《北京市建设工程绿化用地面积比例实施办法》，由北京市政府于 1991 年 1 月 1 日发布。

此外，基础性技术规范在一定程度上是园林景观立法工作的重要依据。如《风景名胜区规划规范》（GB 50298—1999）就是制定《风景名胜区条例》的重要依据。

政策与法律有着密切的关系和高度的一致性，政策主要是针对各时期的政治经济形势制定，而法律则是经实践检验证明是正确的政策，它是政策的规范化、具体化。由于法律与生俱来的强制属性，对确保政策的实施具有重要作用。可见政策与法规是相辅相承的，法规更全面、执行力度更大、约束性更强。因此，本教材在编写时主要侧重对相关法规的论述。

在我国不断加强法制建设的大背景下，尽管目前的园林法规体系存在着种种不足，但是面向未来的发展，这些实践经验为进一步改进和完善现有园林景观法规体系指明了方向，也必将为我国城市园林景观建设提供全面的法律制度保障。

第 1 章　城市规划法规

[教学要求]　● 掌握立法概况以及《城市规划法》的基本内容。
- 了解编制城镇体系规划、城市总体规划纲要、城市总体规划、城市分区规划、控制性详细规划、修建性详细规划的主要内容。
- 了解城市规划的实施过程中的"两证一书"制度，即选址意见书制度、建设用地规划许可证制度、建设工程规划许可证制度。

[知识要点]　● 城市规划的方针。
- 城市规划的各级编制内容和审批机关。
- 历史文化名城和文物保护的有关规定。
- 违法占地行为及法律责任。

1.1　概述

1.1.1　城市规划的概念和作用

1. 城市规划的概念

城市规划是指为了实现一定时期内城市的经济和社会发展目标，确定城市性质、规模和发展方向，合理利用和节约使用城市土地，协调城市空间布局和各项建设的综合部署和具体安排。简言之，城市规划是对一定时期内城市的经济和社会发展、土地利用、空间布局以及各项建设的综合部署、具体安排和实施的管理。

2. 城市规划的作用

城市规划是建设城市和管理城市的基本依据；是保证城市土地合理利用和开发的基础；是综合发挥城市经济效益、社会效益和环境效益的前提；是实现城市经济和社会发展目标的重要手段。

城市的建设和发展是一项庞大的系统工程，而城市规划是驾驭整个城市建设和发展的基本依据和基本手段。城市规划关系各行各业，影响千家万户，涉及政治、经济、文化、社会的广泛领域，具有很强的综合性。国内外的实践经验证明，要把城市建设好、管理好，首先必须规划好，以城市规划为依据指导建设和管理；要使城市得以合理发展，首先必须通过科学地预测和规划，明确城市的发展方向和发展格局，在规划的引导和控制下，逐步实现发展目标。在城市建设和发展进程中，城市规划处于重要的"龙头"地位。

1.1.2 城市规划法规的立法

1. 立法概况

城市规划法规是调整人们在制定和实施城市规划及在城市规划区内进行各项建设过程中发生的社会关系的法律规范的总称。其立法目的在于确定城市的规模和发展方向，实现城市的经济和社会发展目标，合理地制定城市规划和进行城市建设。

《中华人民共和国城市规划法》（以下简称《城市规划法》）是城市规划法规体系中的基本法，是制定其他各层次法规、规章、行政措施的依据，具有最高的法律效力。该法于1989年12月26日第七届全国人民代表大会常务委员会第十一次会议通过，自1990年4月1日起施行。

城市规划法规体系是以《城市规划法》为母法，以国务院颁布的行政法规，国家城市规划行政主管部门颁布的部门规章，以及地方政府制定颁布的地方性法规、地方规章和行政措施等作为子法所构成的一个完整的法规体系。其他层次的法规有：《城市规划编制办法》（1991），《城镇体系规划编制审批办法》（1994），《城市规划编制办法实施细则》（1995），《建制镇规划建设管理办法》（1995），《城市规划编制单位资质管理规定》（2000）等。

《城市规划法》确定的规范和原则是不容违背的，其他各层次的法规的内容都不能与之相抵触；同时它所确定的规范、原则又必须根据各地的实际情况，通过各层次的地方立法加以充实和具体化。

2. 《城市规划法》的基本内容

《城市规划法》分为六章，共46条。

第一章"总则"，主要阐明了立法的目的和本法的适用范围；规定了有关城市规划、建设和发展的基本方针；明确了国家和地方的管理体制和外部关系协调的要求。

第二章"城市规划的制定"，主要明确了各级人民政府组织编制城镇体系规划和城市规划的职责；阐明了编制城市规划应当遵循的基本原则、阶段划分和主要内容；规定了编制、调整、修订城市规划的审批程序。

第三章"城市新区开发和旧区改建"，主要阐明在实施城市规划的过程中，新区开发和旧区改建应当遵循的基本原则以及建设项目选址、定点和各项建设合理布局的基本要求。

第四章"城市规划的实施"，主要确立了城市规划行政主管部门对城市规划区内土地利用和各项建设实行统一的规划管理原则；明确实行"两证一书"制度，规定了对各项建设工程从可行性研究、选址定点、设计审查、放线验线、竣工验收全过程进行规划管理和监督的基本程序。

第五章"法律责任"，阐明了违反本法规定的单位和个人应承担的法律责任；对违法占地和违法建设的处理以及对有关当事人员的处罚规定，执行行政处罚的法律程序；同时对城市规划行政主管部门工作人员渎职行为的处罚也作出了法律规定。

第六章"附则"，阐明了国务院城市规划主管部门和省、自治区、直辖市人大常委会为贯彻执行城市规划法可以制定实施条例和实施办法，并规定了本法开始施行的具体时间。

3.《城市规划法》的适用范围

（1）地域适用范围。即城市规划区，包括这个地域内的陆地、水面和空间。所谓城市规划区，是指城市市区、近郊区以及城市行政区域内因城市建设和发展需要实行规划控制的区域。市区不包括市辖县和市辖市，它与市域不同。市域是指城市行政管辖的全部地域，包括市辖县的全部行政管理范围。

（2）人的适用范围。即凡与城市规划编制、审批、管理活动有关的单位和个人，都应适用该法。具体包括负责编制、审批、管理的各级人民政府及其城市规划行政主管部门和其他有关主管部门；同规划编制工作有关的各生产、科研、教学、设计单位；进行建设活动的建设单位、设计单位、施工单位及其他单位。

1.1.3 城市规划的方针

1. 严格控制大城市规模，合理发展中等城市和小城市

《城市规划法》第4条规定，"国家实行严格控制大城市规模，合理发展中等城市和小城市的方针"。这一规定是针对我国目前不尽合理的城市发展格局以及大城市的弊端而提出的。该方针对规定我国城市化的进程，促进我国比较合理的城市发展格局起着重要的定向作用。所谓"城市化"，又称城镇化、都市化，是指人类生产和生活方式由乡村型向城市型转化的历史过程，表现为乡村人口向城市人口转化以及城市不断完善和发展的过程。我国城市规模的划分标准，依据《城市规划法》第4条的规定，"大城市是指市区和近郊区非农业人口50万以上的城市。中等城市是指市区和近郊区非农业人口20万以上、不满50万的城市。小城市是指市区和近郊区非农业人口不满20万的城市"。统计上又规定非农业人口在100万～200万的为特大城市，在200万以上的为超大城市。

2. 符合我国国情，正确处理近期建设和远景发展的关系

我国是一个发展中的农业大国，地少人多，经济发展相对落后，各地自然条件差异较大，东南地区和中西部地区经济和社会发展极不平衡，很难制定出整齐划一的城市发展速度和规模。这就要求各地的城市规划必须因地制宜，从实际出发。既要防止贪大求快和贪多求全的盲目攀比，追求脱离实际的所谓高标准和高速度，又要避免不顾大局和不顾长远发展的短期行为。在制定城市规划时，应当与国家和地方的经济、社会发展水平相适应，具有一定的前瞻性，留有适当的余地和适度的弹性，符合城市国民经济和社会发展持久、稳定、协调的要求。

3. 与国家生态建设规划相协调，重视城市生态环境的保护

为保护和建设好生态环境，实现可持续发展，国家制定了具有长期指导作用的《全国生态环境建设规划》，并纳入国民经济和社会发展规划。因此，在制定城市规划时，要围绕我国生态环境建设的目标，遵循生态环境建设的基本原则，重视城市生态环境的建设和保护，合理规划、切实保护好各类生态用地。大中城市要确保一定比例的公共绿地和生态用地，结合《国家园林城市标准》和"创建园林城市活动"的开展，加强城市公园、绿化带、片林、草坪的建设与保护，大力推广庭院、墙面、屋顶、桥体的绿化和美化。严禁在城区和城镇郊区随意开山填海、开发湿地，禁止随意填占溪、河、渠、塘。加强城镇环境综合整治，加快能源结构调整和工业污染治理，切实加强城镇建设项目和建筑工地的环境管理，积极创建国家园林城市、环保模范城市和环境优美城镇。

1.2 城市规划的编制

1.2.1 编制城市规划应遵循的原则

1. 从实际出发，科学预测城市远景发展，将城市规划纳入国民经济和社会发展计划

《城市规划法》第 13 条规定，"编制城市规划必须从实际出发，科学预测城市远景发展的需要；应当使城市的发展规模、各项建设指标、定额指标、开发程序同国家和地方的经济技术发展水平相适应"。

城市的国民经济和社会发展计划是城市发展的战略或城市发展的大纲，它是城市规划确定的建设项目得以实施的保证。城市的总体规划应当分期分批纳入城市年度建设计划、中期建设计划和长期建设计划，按照国家基本建设程序有计划地分期分批地实施。

2. 城市规划必须与国土规划、区域规划、江河流域规划、土地利用总体规划相协调

国土规划是对土地、水、气候、生物、劳动力等国土资源提出的整治开发任务，确定重点开发区和目标，用以指导各地区、各部门进行国土资源整治和开发的蓝图；区域规划是部分地区土地资源整治、开发的蓝图；江河流域规划是对江河流域的开发利用和防止水灾作出的规划；土地利用总体规划是在一定区域内，依据国民经济和社会发展规划、土地整治和资源环境保护的要求，依据土地供给能力以及各项建设对土地的需求，开发、利用、治理和保护所作的总体安排和布局，它是国家实行土地用途管制的依据。

国土规划、区域规划和城市规划是不同层次、涉及不同地域范围的发展规划，它们组成了一个完整的规划体系。城市规划只有与上述各项相关规划相协调，才能防止和避免规划系列中不同规划之间的矛盾与冲突，最终实现城市规划的顺利实施。

3. 保护生态、环境和历史文化遗产的原则

根据《城市规划法》第14条规定，"编制城市规划应当注意保护和改善城市生态环境，防止污染和其他公害，加强城市绿化建设和市容环境卫生建设，保护历史文化遗产、城市传统风貌、地方特色和自然景观"。力求取得经济效益、社会效益和环境效益的统一。

4. 有利生产、方便生活、防灾减灾的原则

《城市规划法》第15条规定，"编制城市规划应当贯彻有利生产、方便生活、促进流通、繁荣经济、促进科学技术文化教育事业的原则"。城市规划还必须符合城市防火、防爆、抗震、防洪、防泥石流和治安、交通管理以及人民防空建设等要求，在可能发生强烈地震和严重洪水灾害的地区，必须在规划中采取相应的抗震和防洪措施。

5. 合理用地、节约用地的原则

我国人口多，土地资源不足，合理使用土地、节约用地是我国的基本国策，也是长远利益所在。城市规划的制定和实施在服从城市功能上的合理性、建设运行上的积极性的前提下，各项发展用地的选定，应尽量利用荒地、劣地，少占菜地、良田。

1.2.2 城市规划的编制内容

1. 城镇体系规划的内容

城镇体系规划，是指在全国或一定地区内，确定城市的数量、性质、规模和布局的宏观部署。它是城镇社会经济发展的空间表现形式，是政府对全国或者一定地区经济社会发展实行宏观调控的重要手段。城镇体系规划的编制权由国务院城市规划行政主管部门和省、自治区、直辖市人民政府行使。国务院城市规划行政主管部门组织编制全国的城镇体系规划；省、自治区、直辖市人民政府分别组织编制本行政区域的城镇体系规划。

《城镇体系规划编制审批办法》第13条规定了城镇体系规划应当包括的内容如下：

（1）综合评价区域与城市的发展和开发建设条件。

（2）预测区域人口增长、确定城市化目标。

（3）确定本区域的城镇发展战略，划分城市经济区。

（4）提出城镇体系的功能结构和城镇分工。

（5）确定城镇体系的等级和规模结构。

（6）确定城镇体系的空间布局。

（7）统筹安排区域基础设施、社会设施。

（8）确定保护区域的生态环境、自然和人文景观以及历史文化遗产的原则和措施。

（9）确定各时期重点发展的城镇，提出近期重点发展城镇的规划建议。

（10）提出实施规划的政策和措施。

2. 城市总体规划纲要的内容

城市总体规划纲要是研究总体规划的重大原则和城市地域发展的战略部署。《城市规划编制办法》第12条规定了城市总体规划纲要应当包括的主要内容如下：

（1）论证城市国民经济和社会发展条件，原则确定规划期内城市的发展目标。

（2）论证城市在区域发展中的地位，原则确定市（县）域城镇体系的结构与布局。

（3）原则确定城市性质、规模、总体布局，选择城市发展用地，提出城市规划区范围的初步意见。

（4）研究确定城市能源、交通、供水等城市基础设施开发建设的重大原则问题，以及实施城市规划的重要措施。

3. 城市总体规划的内容

城市总体规划是以城镇体系规划为依据，确定城市性质、规模、发展方向、合理利用城市土地、协调城市空间布局和多项建设的综合部署。城市总体规划的期限一般为20年，建制镇总体规划为10～20年。城市总体规划和建制镇总体规划应当对城市近期的发展布局和主要建设项目作出安排，城市近期建设规划一般为5年，建制镇的近期建设规划为3～5年。城市总体规划由城市人民政府负责编制。县级人民政府只负责组织编制县级人民政府所在地的镇的总体规划，该总体规划应当包含县辖区内居民点和基础设施的布局。

《城市规划法》第19条规定，"城市总体规划应当包括：城市的性质、发展目标和发展规模，城市主要建设标准和定额指标，城市建设用地布局、功能分区和各项建设的总体部署，城市综合交通体系和河湖、绿地系统，各项专业规划，近期建设规划"。

4. 城市分区规划的内容

城市分区规划，是指在城市总体规划的基础上，对城市土地利用、人口分布、公共设施和基础设施的配置作出的规划安排。它为城市详细规划和规划管理提供依据。城市分区规划由城市人民政府的城市规划行政主管部门负责组织编制。

《城市规划编制办法》第19条规定了城市分区规划应当包括的主要内容如下：

（1）原则确定分区内土地使用性质、居住人口分布、建筑用地的容量控制指标。

（2）确定市、区公共设施的分布及其用地范围。

（3）确定城市主次干道的红线位置、断面、控制点坐标和标高，以及主要交叉口、广场、停车场的位置和控制范围。

（4）确定绿化系统、河湖水面、供电高压线走廊、对外交通设施的保护范围，风景名胜的用地界限和文物古迹、传统街区的保护范围，提出空间形态的保护要求。

（5）确定工程管线的位置、走向、管径、服务范围以及主要工程设施的位置和用地范围。

5. 城市详细规划的内容

城市详细规划，是指以总体规划和分区规划为依据，详细规定建设用地的各项控制管理要求，或者直接对建设项目作出具体的安排和规划设计。城市详细规划由城市人民政府的城市规划行政主管部门负责组织。

《城市规划法》第20条规定，"城市详细规划应当包括：规划地段各项建设的具体用地范围、建筑密度和高度等控制指标、总平面布置、工程管线综合规划和竖向规划"。

（1）详细规划可分为控制性详细规划和修建性详细规划。《城市规划编制办法》第23条规定了控制性详细规划应当包括的内容如下：

1）详细规定所规划范围内各类不同使用性质用地的界限，规定各类用地内适建、不适建或者有条件的允许建设的建筑类型。

2）规定各地块建筑高度、建筑密度、容积率、绿地率等控制指标，规定交通出入口方位、停车泊位、建筑后退红线距离、建筑间距等要求。

3）提出各地块的建筑体量、体型、色彩等要求。

4）确定各级支路的红线位置、控制点坐标和标高。

5）根据规划容量，确定工程管线的走向、管径和工程设施的用地界限。

6）制定相应的土地使用与建筑管理规定。

（2）《城市规划编制办法》第26条规定了修建性详细规划应当包括的内容。

1）建设条件分析及综合技术经济论证。

2）作出建筑、道路和绿地等的空间布局和景观规划设计，布置总平面图。

3）道路交通规划设计。

4）绿地系统规划设计。

5）工程管线规划设计。

6）竖向规划设计。

7）估算工程量、拆迁量和总造价，分析投资效益。

1.2.3 城市规划的编制单位

1. 城市规划编制单位的设立条件

编制城市规划是一项十分复杂，系统性、综合性、政策性很强的重要工作。在工作过程中需要向许多有关部门收集多方面的基础资料，进行多方面的发展预测，协调多方面的关系。因此，这项工作不是一个职能部门所能胜任的。《城市规划法》第12条规定："城市人民政府负责组织编制城市规划。县级人民政府所在地镇的城市规划，由县级人民政府负责组织编制。"这便确定了市、县级政府的职责与权限，要求其具体组织领导编制城市规划，并以城市规划行政主管部门为主，或委托具有相应规划设计资格的规划设计单位，会同其他有关部门共同完成。

具有相应规划设计资格的规划设计单位，是指按照国家规定批准设立的从事城市规划编制的单位。根据2001年3月1日起施行的《城市规划编制单位资质管理规定》的规定，设立城市规划编制单位必须同时具备下列三个条件：

（1）具备承担相应的城市规划编制任务的能力。甲级编制单位可以承担全国范围内的各种城市规划编制任务。乙级编制单位可以承担全国范围内的下列任务：20万人口以下的城市总体规划和各种专项规划的编制；详细规划的编制；研究拟定大型工程项目规划选址意见书。丙级编制单位可以在本省、自治区、直辖市承担的任务是：建制镇的总体规划编制和修订；20万人口以下的详细规划的编制、各项专项规划编制；中小型建设工程项目规划选址的可行性研究。甲、乙、丙级编制单位均可承担集镇规划和村庄规划的编制。

（2）具有法定比例和法定人数的专业技术人员。甲级编制单位中具有高级技术职称的人员占全部专业技术人员的比例不低于20%，其中高级城市规划师不少于4人，具有其他专业高级技术职称的不少于4人（其中建筑、道路交通、给排水专业各不少于1人）；具有中级技术职称的城市规划专业人员不少于8人，其他专业（建筑、道路交通、园林绿化、给排水、电力、通信、燃气、环保等）的人员不少于15人。乙级编制单位具有高级技术职称的人员占全部专业技术人员的比例不低于15%，其中高级城市规划师不少于2人，高级建筑师不少于1人，高级工程师不少于1人；具有中级技术职称的城市规划专业人员不少于5人，其他专业（建筑、道路交通、园林绿化、给排水、电力、通信、燃气、环保等）的人员不少于10人。丙级编制单位的专业技术人员不少于20人，其中城市规划师不少于2人，建筑、道路交通、园林绿化、给排水等专业具有中级技术职称的人员不少于5人。

（3）达到国家城市规划行政主管部门规定的技术装备及应用水平考核标准。其中甲级编制单位须达到国务院城市规划行政主管部门规定的技术装备及应用水平考核标准；乙级和丙级编制单位须达到省、自治区、直辖市城市规划行政主管部门规定的技术装备及应用水平考核标准。有健全的技术、质量、经营、财务、管理制度并应得到有效执行。达到法定最低注册资金数额，其中甲级编制单位的注册资金不少于80万元；乙级编制单位的注册资金不少于50万元；丙级编制单位的注册资金不低于20万元。有固定的工作场所，人均建筑面积不少于10m^2。

2. 城市规划编制单位的设立程序

（1）申请。申请城市规划编制资质的单位，应当向规定的城市规划行政主管部

门提出申请，填写《城市规划编制资质证书》（以下简称《资质证书》）申请表。

（2）初审。申请甲级资质的，由省、自治区、直辖市人民政府城市规划行政主管部门初审；申请乙级、丙级资质的，分别由所在地市、县人民政府城市规划行政主管部门初审。

（3）审批。申请甲级资质的，由国务院城市规划行政主管部门审批，并核发《资质证书》；申请乙级、丙级资质的，由省、自治区、直辖市人民政府城市规划行政主管部门审批，核发《资质证书》，并报国务院城市规划行政主管部门备案。《资质证书》是国家核发的允许城市规划编制单位开展业务范围的法定资格凭证。《资质证书》的有效期为6年，期满3个月前，城市规划编制单位应当向发证部门申请换证。从事城市规划编制的单位应当取得《资质证书》，并在其规定的业务范围内承担城市规划编制业务。任何单位委托编制规划，都应当选择具有相应资质的城市规划编制单位。

（4）核准登记。根据1992年10月5日建设部、国家工商行政管理局发布的《城市规划设计单位登记管理暂行办法》，城市规划编制单位是有偿从事城市规划编制业务的经营性单位，应经工商行政管理机关核准登记，领取营业执照后，方可开展经营活动。工商行政管理机关对国家不再拨发经费、实行自收自支或企业化经营的城市规划设计事业单位，经核准登记，核发《企业法人营业执照》；对国家核拨部分经费或全额核拨经费的城市规划设计事业单位，经核准登记，核发《营业执照》。

3. 城市规划编制单位的资质管理

（1）管理部门。国务院城市规划行政主管部门负责全国城市规划编制单位的资质管理工作；县级以上地方人民政府城市规划行政主管部门负责本行政区域内城市规划编制单位的资质管理工作。

（2）管理制度和措施。

1）凭证从业制度。城市规划编制单位必须取得《资质证书》，并在《资质证书》规定的业务范围内承担城市规划编制业务；禁止转包城市规划编制任务；非独立法人的机构，不得以分支机构名义承揽业务。

2）资质年检制度。城市规划编制单位未按规定进行资质年检或资质年检不合格的，发证部门可以责令其限期办理或限期整改，逾期不办理或者逾期整改不合格的，由发证部门公告收回其《资质证书》，并由工商行政管理部门注销其营业执照。

3）跨省际承担规划编制任务备案制度。甲、乙级城市规划编制单位跨省、自治区、直辖市承担规划编制任务时，取得城市总体规划任务的，向任务所在地的省、自治区、直辖市人民政府规划行政主管部门备案；取得其他城市规划编制任务的，向任务所在地的市、县人民政府规划行政主管部门备案。两个以上甲、乙级城市规划编制单位跨省际合作编制城市规划的，共同向任务所在地相应的主管部门备案。

1.2.4 城市规划的审批

1. 城市规划的审批机关及权限

根据《城市规划法》的规定，城市规划的审批实行各级人民代表大会对城市总体规划实行审查制度和政府分级审批制度。具体规定包括：

（1）城镇体系规划的审批。全国和省、自治区、直辖市的城镇体系规划，报国务院审批。

（2）城市总体规划的审查审批。城市和县人民政府在向上级人民政府报请审批城市总体规划前，必须经同级人民代表大会或其常委会审查同意。直辖市的城市总体规划，由直辖市人民政府报国务院审批；省和自治区人民政府所在地城市，城市人口在100万以上的城市和国务院指定的其他城市的总体规划，由省、自治区人民政府审查同意的，报国务院审批；其他设市城市和县人民政府所在地镇的总体规划，报省、自治区、直辖市人民政府审批；其中市管辖的县级人民政府所在地镇的总体规划，报市人民政府审批；其他建制镇的总体规划报县级人民政府审批。

（3）城市分区规划的审批。城市的分区规划由城市人民政府审批。

（4）城市详细规划的审批。城市的控制性详细规划由城市人民政府审批；修建性详细规划，除重要的由城市人民政府审批外，由城市人民政府城市规划行政主管部门审批；建制镇的详细规划报建制镇的人民政府审批，但县人民政府所在地的建制镇的详细规划除外。

2. 城市总体规划的局部调整与重大变更

城市规划一经批准，即具有法律效力，必须严格执行，不得擅自改变。若由于城市的发展变化，城市总体规划确需调整或修改，则对城市总体规划进行局部性的变更，其决定由城市人民政府作出，报同级人民代表大会常务委员会和原批准机关备案；若是对总体规划的某些基本原则和框架作出重大变更、修改，涉及城市性质、规模、发展方向和总体布局的调整，则经同级人民代表大会或其常务委员会审查同意后，报原批准机关审批。

市总体规划的局部调整，是指城市人口和用地规模需要少量增长，或者根据城市建设和发展需要，对城市用地功能、道路系统、工程设施配置等进行局部的变更。城市总体规划的局部调整由城市人民政府和城市规划行政主管部门负责进行，报城市人民政府审批，并报同级人民代表大会常务委员会和原总体规划批准部门备案。

城市总体规划的重大变更，是指由于产业结构的调整造成城市性质的重大变化，城市机场、港口、铁路枢纽、大型工业项目等重要设施布局的调整，或者由于城市人口大幅度增长，造成城市空间发展方向和总体布局的重大变化，需要对已经批准的城市总体规划进行的重大调整。城市总体规划的重大变更，由城市人民政府组织进行，报同级人民代表大会或者其常务委员会审查同意后，报原总体规划批准机关审查批准后实施。

1.3　城市新区开发和旧城改建

1.3.1　城市新区开发

1. 城市新区开发的含义

城市新区开发是指按照城市总体规划的部署，在城市现有建成区以外的一定区域，进行集中成片、综合配套的开发建设活动。新区开发是随着城市经济与社会的发展、城市规模的扩大，为了满足城市日益增长的生产、生活需要，逐步实现城市不同阶段的发展目标而进行的开发建设活动，它是城市建设和发展的重要组成部分。

2. 城市新区开发的原则

《城市规划法》第23条规定，"城市新区开发和旧区改建必须坚持统一规划、合理布局、因地制宜、综合开发、配套建设的原则"。

（1）统一规划。要把新区开发纳入到城市规划的整体中综合考虑和部署，这是搞好城市建设的前提和基础。

（2）合理布局。在实施城市规划管理中，城市各项建设的选址、定点须有利于城市长远发展，防止环境污染和破坏，保持生态平衡，保证城市各项功能、各项建设之间关系的协调和集合效益。

（3）因地制宜。制定城市发展战略和安排建设项目，要从本地区的实际出发，顾及区域经济、社会发展的阶段和保持地方特色，利用地势和地貌塑造城市风格。

（4）综合开发和配套建设。新区开发要在制定的合理、可行、系统的配套方案的基础上，使基础设施、公共服务设施与主体建筑同步建设，提升城市环境与承载能力。

3. 城市新区开发的类型

（1）新市区的开发建设。主要是为了解决城市建成区因历史原因或发展过快而形成的布局混乱、人口和建筑密度过高、交通和基础设施负荷过重等弊端，或为了比较完整地保护古城的完整风貌，在建成区外围进行集中成片的开发建设，以达到疏散和降低旧区人口密度、调整和缓解旧区压力、完善和改善旧区环境等目的。

（2）经济技术开发区的建设。它是在城市建成区之外的特定地区，通过提供优惠政策，创造良好的投资环境，以达到吸收中外投资，引进先进技术和进行横向经济联合的目的。经济技术开发区应当尽量依托市区，充分利用城市现有设施，从实际出发确定适度的开发规模和程序。

（3）卫星城镇的开发建设。主要是出于有效控制大城市市区的人口和用地规模，按照总体规划要求，将市区需要搬迁的项目或新建的大中型项目安排到周围小城镇去，从而有计划、有重点地开发建设小城镇，逐步形成以大城市为中心的比较完善的城镇体系。

（4）新工矿区的开发建设。新工矿区是国家或地方政府根据矿产资源开发和加工的需要，在城市郊区或郊县建设大、中型工矿企业，并逐步形成相对独立的工矿区，在统一规划下进行的配套建设。新工矿区应当注意产业结构的合理配置，力求男女人口平衡，形成比较完善的经济结构和社会结构。

1995 年 6 月 1 日建设部发布第 43 号令，公布了《开发区规划管理办法》，这是城市新区开发的主要法律依据。

1.3.2　城市旧区改建

1. 城市旧区的含义

城市旧区是城市在长期发展演变过程中逐步形成的进行各项政治、经济、文化、社会活动的居民集聚区。它一方面记载了城市在各个不同历史阶段的发展轨迹和优秀的文化传统，另一方面也积累了历史遗留下来的种种弊端和缺陷。这就要求按照统一的城市规划，保护好历史文化遗产和传统风貌，充分考虑现有城市的实际情况和存在的主要矛盾，有计划、有步骤、有重点地进行改建。城市旧区改建是指按照城市规划的原则和要求，对城市旧区的布局、结构及各项设施进行保护、利用、充实和更新。

2. 城市旧区改建的原则

（1）加强维护、合理利用、调整布局、逐步改善。城市旧区的改建，除了要坚持与新区开发相同的基本原则外，依据《城市规划法》第 27 条的规定，"城市旧区改建应当遵循加强维护、合理利用、调整布局、逐步改善的原则"。改建重点是对危房集中、设施简陋、交通阻塞、污染严重的地区进行综合整治，通过成片拆除重建或局部调整改建的方法，使各项设施逐步配套完善。

（2）同产业结构的调整及工业企业的技术改造相结合。城市旧区的改造应当同产业结构的调整及工业企业的技术改造相结合，调整用地结构，改善、优化城市布局，按规划迁出严重危害、污染环境的项目，利用调整出来的用地扩展公用服务设施，增加居住用地、城市绿化和文化体育活动场地，改善市容环境。

（3）保护文物古迹、体现传统风貌。当地人民政府应当采取有效措施，切实保护具有重要历史意义、革命纪念意义、文化艺术和科学价值的文物古迹和风景名胜；有选择地保护一定数量代表城市传统风貌的街区、建筑物和构筑物，划定保护区和建设控制地区。

1.3.3　历史文化名城的保护和文物保护

1. 历史文化名城和文物的概念以及保护的意义

历史文化名城是指我国古代政治、经济、文化的中心或者近代革命运动和发生重大历史事件的重要城市。

文物是指遗存在社会上或埋藏在地下的具有历史、艺术和科学价值的人类文化遗产。它包括的内容很多，从建设规划的角度理解，文物主要是指革命遗址、纪念建筑物、古文化遗址、古墓葬、古建筑、古石窟、石刻以及现代重要史迹和代表性建筑等。

历史文化名城和文物的保护就是规划管理、维护修缮，使历史文化遗产健康地可持续发展，充分发挥其作用造福人类。

历史文化名城和文物是中华民族的悠久历史、灿烂文化的结晶，是极其宝贵的物质财富和精神财富，加强对其的保护，无论是为继承和发扬城市的优秀传统，继承历史文化遗产，还是为人们创造观赏、学习、借鉴历史的环境及陶冶人们的情操都具有深远的现实意义和历史意义。

2. 关于《文物保护法》

2002 年 10 月 28 日第九届全国人民代表大会常务委员会第三十次会议通过修订后的《中华人民共和国文物保护法》（以下简称《文物保护法》），由中华人民共和国主席令 2002 年第 76 号予以公布施行。《文物保护法》的内容分为总则、不可移动文物、考古发掘、馆藏文物、民间收藏文物、文物进境出境、法律责任、附则八章，共 80 条。

《文物保护法》的宗旨是："保护文化遗产的真实性、完整性，使之世代相传，永续利用。文化遗产的保护利用事业属于社会公益事业"。这一立法宗旨充分说明了文物是人类珍贵的文化遗产，是国家以及全民所有的一种特殊的、不可再生的资产。对它的保护是第一位的，利用应立足于保护的前提下，赢利不应该成为国家管理这项事业的目的。

《文物保护法》明确规定，"历史文化名城和历史文化街区、村镇的保护办法，由国务院制定"。2005 年 12 月《国务院关于加强文化遗产保护的通知》中要求，"积极推动《非物质文化遗产保护法》、《历史文化名城和历史文化街区、村镇保护条例》等法律、行政法规的立法进程"。

3. 历史文化名城保护与城市规划的关系

历史文化名城反映了城市的特定性质，它应当在城市规划中体现出来，使历史文化名城和文物的价值进一步得到开发和利用。

历史文化名城应该保护城市的文物古迹和历史地段，保护和延续古城的风貌特点，继承和发扬城市的传统文化。编制保护规划要从城市总体布局上采取规划措施。为保护城市历史文化遗产创造有利条件，同时又要注意满足城市经济、社会发展和改善人民生活和工作环境的需要，使保护与建设协调发展，促进城市物质文明和精神文明的建设。

4. 历史文化名城和文物保护的内容

历史文化名城和文物保护应当突出保护重点，即：保护文物古迹、风景名胜及其环境；对于具有传统风貌的商业、手工业、居住以及其他性质的街区，需要保护整体环境的文物古迹、革命纪念建筑集中连片的地区，或在城市发展史上有历史、科学、艺术价值的近代建筑群等，要划定为"历史文化保护区"予以重点保护。特别要注意对面临破坏的历史实物遗存的抢救和保护，使其不再继续遭到破坏。

编制历史文化名城保护规划应包括下列内容：

（1）城市历史演变、建制沿革、城址兴废变迁。

（2）城市现存地上和地下文物古迹、历史街区、风景名胜、古树名木、革命纪念地、近代代表性建筑，以及有历史价值的水系、地貌遗迹等。

（3）城市特有的传统文化、手工艺、传统产业及民族精华等。

（4）现存历史文化遗产及其环境遭受破坏威胁的状况。

1.4　城市规划的实施管理

城市规划的实施，也就是经过法律程序批准的城市规划设计方案的实施过程。在这一过程中，需要城市规划管理部门实行严格的"两证一书"制度，即选址意见书制度、建设用地规划许可证制度、建设工程规划许可证制度，以保证和促进城市的各项建设，按照规划付诸实施。

1.4.1　选址意见书制度

1. 选址意见书的概念

建设项目选址意见书是指在建设工程的立项过程中，建设单位上报给计划行政主管部门的项目建议书、可行性研究报告等文件中，必须附有城市规划行政主管部门核发的拟建工程的具体方位和范围的书面文件。《城市规划法》第30条规定，"城市规划区内的建设工程的选址和布局必须符合城市规划。设计任务书报请批准时，必须附有城市规划行政主管部门的选址意见书"。这一规定将建设项目可行性研究阶段的计划管理与规划管理有机结合起来，使设计任务书（现统一为可行性研究报告）编制的既科学合理，又符合城市规划的要求。选址意见书主要适用于新建的大中型工业与民用项目。

2. 选址意见书的内容

建设项目选址意见书的内容包括以下三个方面：

（1）建设项目的基本情况。包括：建设项目名称、性质、用地与建设规模、供水与能源的需求量、采取的运输方式与运输量，以及废水、废气、废渣的排放方式和排放量。

（2）建设项目规划选址的依据。包括：经批准的项目建议书；建设项目与城市规划是否协调；建设项目与城市交通、通信、能源、市政、防灾规划是否协调；建设

项目配套的生活设施与城市生活居住及公共设施规划是否衔接与协调；建设项目对于城市的环境可能造成的污染和影响。

（3）建设项目与城市环境保护规划、风景名胜、文物古迹保护规划是否协调。

3. 选址意见书的申请与核发程序

建设单位申请核发选址意见书，须向城市规划行政主管部门报送下列文件：项目选址申请书；建设项目建议书、可行性研究报告；工业项目或对环境有特殊要求的项目应加送工艺基本情况（对水陆运输、能源、市政、公用配套的要求），建成后可能对周边环境带来的影响、对周边地区建设的建设性控制要求及"三废"排放量与排放方式（环保评价书、卫生防疫、消防安全等资料）；利用原址建设或有选址意向的建设项目，附送1:500或1:1000地形图或航测图、土地权属证书和房屋产权证书。

城市规划行政主管部门接到建设单位的申请后，应进行现场检查。审核有关文件，对符合城市规划要求的发给选址意见书，同时提出规划限定要求；对不符合规划要求的设计项目，由城市规划行政主管部门书面通知报建单位，并告知选址不当的主要原因。

4. 选址意见书的分级审批管理

建设项目选址意见书的审批实行分级规划管理。

（1）县人民政府计划行政主管部门审批的建设项目，由县人民政府城市规划行政主管部门核发选址意见书。

（2）地级、县级市人民政府计划行政主管部门审批的建设项目，由该市人民政府城市规划行政主管部门核发选址意见书。

（3）直辖市、计划单列市人民政府计划行政主管部门审批的建设项目，由直辖市、计划单列市人民政府城市规划行政主管部门核发选址意见书。

（4）省、自治区人民政府计划行政主管部门审批的建设项目，由项目所在地县、市人民政府城市规划行政主管部门提出审查意见，报省、自治区人民政府城市规划行政主管部门核发选址意见书。

（5）中央各部门、公司审批的小型和限额以下的建设项目，由项目所在地县、市人民政府城市规划行政主管部门核发选址意见书。

（6）国家审批的大中型和限额以上的建设项目，由项目所在地县、市人民政府城市规划行政主管部门提出审查意见，报省、自治区、直辖市、计划单列市人民政府城市规划行政主管部门核发选址意见书，并报国务院城市规划行政主管部门备案。

国家对建设项目，特别是大、中型项目的宏观管理，在可行性研究阶段，主要是通过计划管理和规划管理来实现的，将计划管理和规划管理有机结合起来，规定选址意见书制度，就能保证各项工程有计划并按照规划的内容进行建设，以取得良好的经济效益、社会效益和环境效益。

1.4.2 建设用地规划许可证制度

1. 建设用地规划许可证的概念

建设用地规划许可证是指建设单位和个人在向土地行政主管部门申请征用、划拨土地前，经城市规划行政主管部门确认的建设项目位置和范围符合城市规划的法定凭证。《城市规划法》第31条规定，"建设单位或者个人在取得建设用地规划许可证后，方可向县级以上地方人民政府土地管理部门申请用地，经县级以上人民政府审查批准后，由土地管理部门划拨土地"。《城市规划法》第39条规定，"在城市规划区内，未取得建设用地规划许可证而取得建设用地批准文件、占用土地的，批准文件无效，占用的土地由县级以上人民政府责令退回"。上述法律规定表明，建设用地规划许可证具有强制性、不可替代性和不可超越性的法律特征。

核发建设用地规划许可证能够确保建设项目利用的土地符合城市规划，维护建设单位和个人按照城市规划使用土地的合法权益，为土地管理部门在城市规划区内行使权属管理职能提供必要的法律依据。

2. 建设用地规划许可证的适用范围

（1）新建、扩建、迁建需要使用土地的，如国家重点工程建设需要征用农田、集体土地进行建设的。

（2）需要改变本单位土地使用性质进行建设的，如原居民用地变为工业用地，办公用地变为商业用地。

（3）调整交换用地建设的，如相关或相邻单位为生产、生活方便，交换用地进行建设。

（4）国有土地使用权出让、转让的，如国家或地方政府进行土地招标、单位或个人转让土地使用权进行建设。

（5）因建设需要临时使用土地的。

3. 建设用地规划许可证的申请与核发程序

申请建设用地规划许可证的单位和个人必须提供以下文件：《建设用地规划许可证》申请；建设项目选址意见书；建设项目可行性研究报告批准文件或其他计划批准文件；表示建设用地位置与环境关系的地形图或航测图、规划设计总图或建筑设计方案；相关行业管理部门对设计方案的意见；建设单位以国有土地进行建设的土地使用权出让、转让合同等土地权属证明。

建设用地的审批程序分为以下六个步骤：

（1）现场踏勘。城市规划行政主管部门受理了建设单位建设用地申请后，应当与建设单位会同有关部门到选址地点进行现场调查和踏勘。这是一项直观感性的审查工作，可以及时发现问题，提出问题，避免纸上谈兵可能带来的弊端。

（2）征求意见。在城市规划区安排建设项目，占用城市土地，会涉及许多部门。

为了使建设项目的安排更趋于合理，城市规划行政主管部门应当在审批建设用地前，征求环境保护、消防安全、文物保护、土地管理等部门的意见。

（3）提供设计条件。城市规划行政主管部门初审通过后，可向建设单位提供建设用地地址与范围的红线图，在红线图上应当标明现状和规划道路、并提出规划设计条件和要求。建设单位可以依据城市规划行政主管部门下达的红线图委托方案设计，同时委托征地部门与被征地单位预联系。

（4）审查总平面图。主要审查用地性质、规模和布局方式、运输方式等是否符合城市规划的要求，建筑与工程设施是否符合合理用地、节约用地的原则。

（5）核定用地面积。主要根据城市规划设计用地定额指标和该地块具体情况，核审用地面积，防止浪费土地。

（6）核发建设用地规划许可证。

4. 建设用地审批后的管理

建设用地审核批准后，城市规划行政主管部门应当加强监督检查工作。监督检查的内容包括两个方面：

（1）用地复核。主要是城市规划行政主管部门对征用、划拨的土地进行验桩。

（2）用地检查。主要是城市规划行政主管部门根据城市规划的要求，对建设用地的使用情况进行监督检查，以便于随时发现问题，纠正、查处违法占地的建设行为。

1.4.3 建设工程规划许可证制度

1. 建设工程规划许可证的概念

建设工程规划许可证是指建设单位和个人申请城市规划行政主管部门审查、确认其拟建的建设工程符合城市规划，并准予办理开工手续的法律凭证。《城市规划法》第32条规定，"在城市规划区内新建、扩建和改建建筑物、构筑物、道路、管线和其他工程设施，必须持有关批准文件向城市规划行政主管部门提出申请，由城市规划行政主管部门根据城市规划提出的规划设计要求，核发建筑工程规划许可证。建设单位或者个人在取得建设工程规划许可证和其他有关批准文件后，方可申请办理开工手续"。这一规定是保证城市各项建设活动严格按照城市规划的要求进行，防止违法建设活动发生的重要法律措施。

2. 建设工程规划许可证的作用

（1）确认有关建设活动的合法性，保护有关建设单位和个人的合法权益。

（2）建设工程规划许可证是城市规划行政主管部门及其管理工作人员监督建设活动的法定依据。城市规划管理工作人员要根据建设工程规划许可证规定的内容和要求进行监督检查，并将其作为纠正和处罚违法建设活动的法律依据。

（3）建设工程规划许可证是城市规划行政主管部门有关城市建设活动的重要历

史资料和城市建设档案的主要内容。

3. 建设工程规划许可证的申请与核发程序

建设单位和个人申请城市规划行政主管部门核发建设工程规划许可证，须报送下列文件：《建设工程规划许可证》申请；地形图或航测图；当年基本建设计划投资批文；有关行业主管部门对工程设计方案的意见；建设用地规划许可证、批准的规划设计总图；用地权属证明；相关房产的权属证明（如拆除或接建的）；结构、基础鉴定报告（接层或改建的）；设计方案图纸；初步设计方案图纸；施工图纸。

城市规划行政主管部门受理建设申请后，便进入了建设工程审批阶段。建设工程的审批程序分为以下五个步骤：

（1）认定建设工程申请。建设单位应当持设计任务书、建设用地规划许可证和土地使用权证等有关批准文件向城市规划行政主管部门申请建设。城市规划行政主管部门对于建设申请进行审查，确定建设工程的性质、规模等是否符合城市规划的布局和发展要求；对于建设工程涉及相关行政主管部门的，则应根据实际情况和需要，征求有关行政主管部门的意见，进行综合协调。

（2）征求有关部门意见。一个工程项目往往要涉及许多部门，如：环保、环卫、交通、通信等等。因此，在建设工程审批时，一定要征求有关部门的意见，以使规划更合理、更完善。

（3）提供规划设计要求。城市规划行政主管部门对建设申请进行审查后，根据建设工程所在地段详细规划的要求，提供规划设计要求，核发规划设计要点通知书。建设单位按照规划设计要点通知书的要求，委托设计部门进行方案设计工作。

（4）方案审查。建设单位提出设计方案（报审设计方案应不少于2个）文件、图纸后，城市规划行政主管部门对各个方案的总平面布置、交通组织情况、工程周围的环境关系和个体设计体量、层次、造型等进行审查比较，确定规划设计方案，提出规划修改意见，核发设计方案通知书。建设单位据此委托设计单位进行施工图设计。

（5）核发建设工程规划许可证。建设单位持注明勘察设计证号的总平面图，个体建筑设计的平面、立面、剖面图，基础图，地下室平面、剖面图等施工图纸，交城市规划行政主管部门进行审查，经审查批准后，发给建设工程规划许可证。

4. 建设工程审批后的管理

建设工程审批后的管理，是城市规划行政主管部门依法进行事后监督检查的重要环节。其管理的内容主要包括验线、现场检查和竣工验收。

（1）验线。建设单位应当按照建设工程规划许可证的要求放线，并经城市规划行政主管部门验线后方可施工。

（2）现场检查。即城市规划管理工作人员依其职责深入有关单位和施工现场，核查建设工程的位置、施工等情况是否符合规划设计条件。

（3）竣工验收。竣工验收是基本建设程序的最后一个阶段。竣工验收通常由城

市建设行政主管部门委托符合资质条件的建筑工程质量监督单位进行，规划部门参加竣工验收，对建设工程是否符合规划设计条件的要求进行最后把关，以保证城市规划区内各项建设符合城市规划。城市规划区内的建设工程竣工验收后，建设单位应当在6个月内将竣工资料报送至城市规划行政主管部门。

1.5 违反《城市规划法》的法律责任

1. 违法占地行为及法律责任

违法占地行为，是指行为人未取得城市规划行政主管部门核发的建设用地规划许可证而占用城市规划区土地的行为。根据《城市规划法》第31条规定，"在城市规划区进行建设的单位或个人，必须先取得城市规划行政主管部门核发的建设用地规划许可证之后，方可向县级以上地方人民政府土地管理部门申请用地，经有关土地管理部门进行审查，然后报县级以上人民政府批准，最后再由有关土地管理部门征用或划拨土地"。这一规定表明，任何建设单位和个人取得建设用地规划许可证是申请征用集体土地、划拨国有土地的法定必经程序和条件。这一强制性法律规定的实质在于确保城市规划区内的用地行为必须符合城市规划，杜绝任意占用城市规划区土地进行建设的违法行为。

根据《城市规划法》第39条的规定，"任何单位和个人在城市规划区内占用土地，未取得城市规划行政主管部门核发的建设用地规划许可证，无论通过哪种渠道和采用何种手段，即使取得了建设用地批准文件而占用土地的，该批准文件依法无效，不受国家法律保护。对行为人占用的土地由县级以上人民政府责令退回。非法占用土地，构成犯罪的，依照刑法追究刑事责任"。

2. 违法建设行为及法律责任

违法建设行为，是指行为人未取得城市规划行政主管部门核发的建设工程规划许可证，或者违反建设工程规划许可证的规定在城市规划区内进行建设的行为。工程建设程序是法律、法规规定的从事工程建设活动必须遵守的先后次序，从工程建设的自然过程而言，完成一个建设项目要依次经过项目可行性研究、立项报批、建设用地及城市规划许可、工程勘察、工程设计、工程施工、竣工验收和交付使用等若干阶段。任何单位和个人超越工程建设程序进行建设活动均属于违法行为。对于工程建设实践中未取得建设工程规划许可证而通过各种方式取得建设行政主管部门的施工许可证进行施工建设，或者取得建设工程规划许可证但违反建设工程规划许可证规定进行建设的行为，依法应认定为违法建设行为。

根据《城市规划法》第40、41条的规定，"违法建设行为虽然影响城市规划但尚可采取改正措施补救的，由县级以上地方人民政府城市规划行政主管部门责令限期改正，并处予罚款；对违法建设严重影响城市规划的，由县级以上地方人民政府城市规划行政主管部门责令停止建设，限期拆除或者没收违法建筑物、构筑物或者其他设施；对违法建设单位的有关责任人员，由其所在单位或者上级主管部门给予行政处分"。

3. 城市规划编制单位的违法行为及责任

城市规划编制单位违反《城市规划编制单位资质管理规定》的违法行为包括以下四种情形：

（1）未取得资质证书承担城市规划编制业务的行为。

无城市规划编制资质证书的单位承担城市规划编制业务的，由县级以上地方人民政府城市规划行政主管部门责令其停止编制活动，对其规划编制成果不予审批，并处1万元以上3万元以下的罚款。

（2）超越资质证书规定的业务范围承接规划编制任务或者提交的规划编制成果不符合要求的行为。

城市规划编制单位超越资质证书规定的业务范围承担规划编制任务，或者提交的编制成果不符合要求的，由县级以上地方人民政府城市规划行政主管部门给予警告，情节严重的，由发证部门公告其资质证书作废，收回资质证书。

（3）甲、乙级城市规划编制单位跨省（自治区、直辖市）承担规划编制任务违反备案制度的行为。

甲、乙级城市规划编制单位跨省（自治区、直辖市）承担城市总体规划编制任务时，未向任务所在地的省（自治区、直辖市）人民政府城市规划行政主管部门备案，或者承担其他城市规划编制任务，未向任务所在地的市、县人民政府城市规划行政主管部门备案的，由任务所在地的省（自治区、直辖市）人民政府城市规划行政主管部门给予警告，责令其补办备案手续，并处1万元以上3万元以下的罚款。

（4）骗取、伪造、涂改资质证书和违法使用资质证书以及转包城市规划编制任务的行为。

行为人实施弄虚作假骗取资质证书，涂改、伪造、转让、出卖、出借资质证书或者转包城市规划编制任务，只要具有上述行为之一的，县级以上地方人民政府城市规划行政主管部门对其编制成果不予审批，责令限期整改，处以1万元以上3万元以下的罚款，并由发证部门公告资质证书作废，收回资质证书。

4. 城市规划行政主管部门工作人员的违法行为及法律责任

《城市规划法》第43条规定，"城市规划行政主管部门工作人员玩忽职守、滥用职权、徇私舞弊的，由其所在单位或者上级主管机关给予行政处分。情节严重构成犯罪的，依法追究刑事责任"。所谓玩忽职守，是指行为人严重不负责任、不履行或不认真履行职责，致使公共财产、国家和人民利益遭受损失但尚未构成犯罪的行为；滥用职权是指行为人违反法定权限和程序，非法行使本人职务范围内的权力，或者超越其职权实施有关行为，致使公共财产、国家和人民利益遭受损失但尚未构成犯罪的行

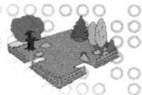

为；徇私舞弊行为是指行为人视其神圣公职为儿戏，为了一己之私而徇情枉法，损害国家管理活动，致使公共财产或者国家与人民利益遭受一定损失的违法行为。

1.6　案例分析

案例一

1. 案情简介

1995～1996年间，浙江某房地产有限公司在××市城市新区C0408号地块开发建设过程中，该公司未经规划部门批准，在未领取建设工程规划许可证的情况下，擅自在小区内规划绿地内建造了一幢一层砖混结构的建筑物，共30间636m²，作为车库和物业管理用房。2004年2月，经群众举报被查处，有《现场勘查检查笔录》、《询问调查笔录》、规划管理部门的认定意见和照片等证据证实该违法建设行为的存在。

2. 处理结果

依据《中华人民共和国城市规划法》第40条和《浙江省实施〈中华人民共和国城市规划法〉办法》第47条第一款之规定，责令当事人浙江某房地产有限公司限期拆除违法建筑物636m²。处罚决定作出后，当事人在限期内自行拆除了违法建筑物。

3. 本案评析

根据《中华人民共和国城市规划法》第32条之规定，"在城市规划区内新建扩建改建建筑物、构筑物等，必须持有关批准文件向城市规划行政主管部门提出申请，由城市规划行政主管部门根据要求核发建设工程规划许可证。建设单位或个人在取得建设工程规划许可证后方可申请办理开工手续"。因此，浙江某房地产有限公司未办理规划审批手续，私建车库和物业管理用房，应认定为违反城市规划的行为，应予以行政处罚。同时，根据建设部《城市规划强制性内容暂行规定》第7条第（四）项之规定，"规划地段各个地块的公共绿地面积属城市规划强制性内容"；第12条又规定"违反城市规划强制性内容进行建设的，应当按严重影响城市规划的行为，依法进行查处"。

综上所述，当事人浙江某房地产有限公司的违法建设行为，应当按严重影响城市规划的行为，依法进行查处。为此，城管综合行政执法部门作出了责令当事人浙江某房地产有限公司限期拆除违法建筑物636m²的处罚决定，是合法、正确的，维护了《城市规划法》的严肃性和权威性。

案例二

1. 案情简介

1997年7月山东省某地村民甲打算在村里盖房子，因需土垫宅基，便在靠近城区的空地内取土（属规划区内土地）。在拉土过程中甲发现取土的附近有很多空地，且紧挨着公路交通方便，若在此盖几间房子，不仅取土方便，还可以住而且也能做生意。于是甲停止取土，同年 8 月 8 日开始在取土附近的空地上盖房子，8 月 20 日甲收到城市管理局的《停止违法行为通知书》，甲停止盖房。8 月 22 日甲继续盖房，9 月 10 日房子盖好。为了出行方便，甲未办理任何手续，擅自将自行建设的道路与城市道路连接起来。2000 年 1 月 1 日城市管理局再次对甲进行查处，并予处罚。

2. 本案评析

（1）甲在城市规划区内擅自取土的行为，违反了《中华人民共和国土地管理法》第 74 条的规定，"违反本法规定，占用耕地建窑、建坟或者擅自在耕地上建房、挖砂、采石、采矿、取土等，破坏种植条件的，或者因开发土地造成土地荒漠化、盐渍化的，由县级以上人民政府土地行政主管部门责令限期改正或者治理，可以并处罚款；构成犯罪的，依法追究刑事责任"。

（2）甲未办理任何审批手续，在城市规划区内盖房的行为，违反了《山东省实施〈中华人民共和国城市规划法〉办法》第 49 条的规定，"在城市规划区内，未取得建设工程规划许可证或者违反建设工程规划许可证的规定进行建设，严重影响城市规划的，由县级以上人民政府城市规划行政主管部门责令其停止建设、限期拆除或者没收违法建筑物、构筑物或者其他设施；影响城市规划，尚可采取改正措施的，由县级以上人民政府城市规划行政主管部门责令限期改正，并处以土建工程造价的 3% ~ 10% 的罚款。"

（3）甲擅自把自行建设的道路与城市道路连接，违反了《山东省城市建设管理条例》第 16 条第 3 款的规定，"在城市规划区内，自行建设的专用道路、管线需要与城市道路、管线连接的，必须符合城市规划，并依法办理有关手续"。

案例三

1. 案情简介

原告某商贸有限公司于 2006 年 3 月 20 日和 ×× 县新华书店签订了一份房屋租赁合同，租赁该店位于中山南路 11 号的一幢商用房，4 层共 206m² 的楼房从事服饰商贸经营活动。被告 ×× 县规划局针对该商贸有限公司未取得建设工程规划许可证，于 2006 年 4 月中旬擅自在中山南路 11 号封走廊作橱窗使用的行为，认为其违反了《××市城市规划管理条例》第 22 条之规定。根据《××市违反城市规划建设行为行政处罚办法》第 8 条之规定，于 2006 年 4 月 20 日作出限拆字［2006］02 号拆除通知书，责令该商贸有限公司接到通知后 3 日内无条件自行拆除，否则将依法组织强拆。逾期后，该公司未自行拆除。2006 年 4 月 27 日 15 时 30 分许，被告组织其工作人员将原告的部分橱窗拆除。该商贸有限公司不服，向法院提起行政诉讼。

2. 审判结果

法院经审理后认为，《中华人民共和国城市规划法》第 9 条第二款规定，"县级

以上地方人民政府规划行政主管部门主管本行政区的城市规划工作"。据此，被告××县规划局作为规划行政主管部门，有权对本行政区域内的违反城市规划的违法行为进行查处。在对违反城市规划的违法行为进行处罚时，应严格按照《中华人民共和国城市行政处罚法》及《中华人民共和国城市规划法》设定的行政处罚种类和程序进行。在本案中，被告××县规划局给原告某商贸有限公司下发的限拆字〔2006〕02号拆除通知书，仅仅是一种通知行为，该通知书不具备行政处罚的实体和程序要件，不具有强制执行力。故被告××县规划局依据该拆除通知书，于 2006 年 4 月 27 日 15 时 30 分许，组织其工作人员将原告的橱窗强行拆除的行为违反了法定程序，应依法确认该行为违法。法院依据《最高人民法院关于执行（中华人民共和国行政诉讼法）若干问题的解释》第 57 条第二款第二项之规定作出判决：确认被告××县规划局于2006 年 4 月 27 日拆除原告某商贸有限公司橱窗的行为违法。

3. 本案评析

本案争议的焦点在于：一是××县规划局对行政处罚决定是否具有强制执行权。二是××县规划局下发的限期拆除通知书是否具有执行力。

《中华人民共和国行政诉讼法》（本书第八章第四节将有论及）第 66 条规定，"公民、法人或者其他组织对具体行政行为在法定期间内不提起诉讼又不履行的，行政机关可以申请人民法院强制执行，或者依法强制执行。"行政强制执行分为三个方面，一是由作出行政处罚的行政机关申请法院执行。二是由行政机关自行强制执行。三是由行政机关选择是自行强制执行或者申请法院强制执行。以上三种强制执行方式，由法律、法规直接设定，而不是由行政机关任意选定。《中华人民共和国城市规划法》第 42 条明确规定，"当事人对行政处罚决定不服的，可以在接到处罚通知之日起 15 日内，向作出处罚决定的机关的上一级机关申请复议；对复议决定不服的，可以在接到复议决定之日起 15 日内，向人民法院起诉。当事人也可以在接到处罚通知之日起 15 日内，直接向人民法院起诉。当事人逾期不申请复议、也不向人民法院起诉、又不履行处罚决定的，由作出处罚决定的机关申请人民法院强制执行"。

据此，对于规划行政处罚的强制执行权，属于人民法院，规划机关无自行强制执行权。被告××县规划局在庭审中援引《××市违反城市规划建设行为行政处罚办法》（市政府令）第 8 条，"对不符合城市容貌标准、环境卫生标准的建筑物、构筑物，规划部门应当责令限期拆除；逾期未拆除的，经同级人民政府批准，由规划部门组织公安、市政、城管、执法等部门强制拆除"，用以证明其行政行为合法。该政府令第 8 条规定授予行政机关强制执行权，显然超出了《规划法》第 42 条的规定，故不能作为法院认定被告行政行为合法的依据。

从程序上讲，规划机关对违章建设行为进行行政处罚，必须严格按照《中华人民共和国行政处罚法》及《中华人民共和国城市规划法》设定的行政处罚种类和程序进行。本案中，××县规划局对违章建设行为没有下发处罚决定书，亦未交待行政相对人提起行政复议和行政诉讼等救济权，而直接给行政相对人下发限期拆除通知书，该通知书显然不具备行政处罚的形式及实体、程序等要件，也就不具有具体行政行为的执行力。

综上，法院确认××县规划局违反法定程序拆除违章建筑的行为违法是正确的。

思考练习

1. 何为城市规划？城市规划的方针是什么？
2. 编制城市规划应遵循的原则有哪些？
3. 我国《城市规划法》对城市规划的审批权限是如何规定的？
4. 城市新区开发和旧区改建的原则是什么？
5. 历史文化名城和文物保护有何意义？
6. 建设项目选址意见书包括哪些内容？
7. 建设用地规划许可证的申请与核发程序有哪些？
8. 违反《城市规划法》的责任是如何规定的？

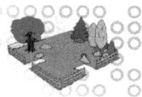

第 2 章　城市绿化法规

［教学要求］　● 掌握立法概况和《城市绿化条例》的基本内容。
　　　　　　　● 了解城市绿化规划与建设的原则和有关指标要求。
　　　　　　　● 了解城市绿地、绿化设施、古树名木的保护管理。

［知识要点］　● 我国城市绿化工作的指导思想。
　　　　　　　● 创建园林城市的绿化建设标准和园林建设标准。
　　　　　　　● 对古树名木的保护管理措施。
　　　　　　　● 违反城市绿化法的各种行为及法律责任。

2.1　概述

2.1.1　城市绿化的概念和意义

1. 城市绿化的概念

城市绿化有狭义和广义之分，狭义的城市绿化，是指种植和养护树木花草的活动。而广义的城市绿化，是指城市中栽种植物和利用自然条件以改善城市生态、保护环境，为居民提供游憩场地和美化城市景观的活动。

2. 城市绿化的意义

（1）改善城市生态环境。城市绿化是以绿色植物向城市输入自然因素，并形成一定的规模和系统，以平衡城市范围内的人工化和程式化的发展。良好的城市绿化，可以吸收二氧化碳和其他有害气体；可以输出氧气、吸收浮尘、杀菌和净化空气；可以涵养水源、保持水土、减少辐射热、增加湿度、防风和调节城市小气候；可以减弱噪声、净化污化，治理城市污染和防止自然灾害发生或减少损失；可以保持动、植物种，增加其栖息生长地等。所以，城市绿化是城市生态的积极因素，是城市生态系统中良性因素的生产和输出者，具有持续的生态环境意义。

（2）美化生活环境，增进人民身心健康。城市绿化是用绿色植物来装扮城市的各类用地。国内外实践证明，优美、清洁、文明的现代化城市，离不开城市绿化。城市绿化美化了城市居民的工作、生活和学习环境，进而使人们利用这些优美环境休养生息，开展多项文化和科学活动，进而积极地促进城市的文化活跃、科技进步，促进人们的身心健康和延年益寿，具有惠及当代、荫及子孙的社会意义。

（3）改善城市投资环境，促进旅游业发展，加速城市物质文明建设。城市绿化的水平和质量直接反映出城市的环境质量和风貌特点，从而直接反映出城市的发达程度和文明水平，是任何其他事业所无法替代的。我国改革开放以来的实践充分证明，环境优美的城市是吸引中外投资者的热点城市，又是中外旅游者观光旅游的云集胜地。外来投资的增长和旅游业的迅速发展对带动城市经济的增长和物质文明的建设，具有重大的经济意义。

2.1.2　城市绿化法规的立法

1. 立法概况

城市绿化法规是调整人们在城市规划区内种植和养护树木花草等城市绿化的规划、建设、保护和管理各项活动中产生的各项社会关系的法律规范的总称。其立法目的是为了加强对城市绿化的规划建设和保护管理。

《城市绿化条例》是我国城市绿化方面第一部行政法规，对城市绿化工作的开展具有重要意义。这部法规于 1992 年 5 月 20 日由国务院通过和发布，自 1992 年 8 月 1 日起施行。它针对我国城市绿化的实际情况，系统总结了建国以来城市绿化工作的经验、教训，特别是改革开放以来城市绿化事业取得的成果，对城市绿化的规划、建设、保护和管理等作了具体规定。

《宪法》、《森林法》、《环境保护法》、《城市规划法》等法律中也有不少条款对城市绿化作了规定。另外，还有一些政策性文件：第五届全国人民代表大会第四次会议通过的《关于开展全民义务植树运动的决议》（1981）；国务院《关于开展全民义务植树运动的实施办法》（1982）；中共中央、国务院发布的《关于扎实地开展绿化祖国运动的指示》（1984）；建设部发布的《城市绿化规划建设指标的规定》（1993）、《城市园林绿化当前产业改革实施办法》（1992）；《关于加强城市绿地和绿化种植保护的规定》（1994）；《关于编制城市绿地系统生物多样性保护计划的通知》（1997）；《城市绿化工程施工及验收规范》（1999）；《城市道路绿化规划与设计规范》（1997）；《城市绿线管理办法》（2002）等，共同构成一套完善的城市绿化法规体系。

2. 《城市绿化条例》的基本内容

《城市绿化条例》分为五章，共 34 条。

第一章"总则"，主要阐明了立法的目的和本法的适用范围；明确了绿化管理体制以及国家和地方的各级管理机构。

第二章"规划和建设"，主要提出要合理确定城市绿地面积、合理设置各级绿化用地；对城市绿化工程的设计单位、审批机关、施工单位作了具体规定。

第三章"保护和管理"，主要规定了各级绿地的管理部门；对占用绿地、砍伐和修剪树木提出了具体要求；对古树名木实行统一管理、分别养护。

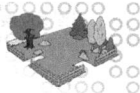

第四章"罚则",主要阐明了违反本法规定的各类行为以及应承担的法律责任;并对有关单位和当事人员的处罚作了详细规定。

第五章"附则",规定了本条例自 1992 年 8 月 1 日起施行。省、自治区、直辖市人民政府可以依照本条例制定实施办法。

2.1.3 城市绿化的指导思想

城市绿化工作的指导思想是:以加强城市生态环境建设,创造良好的人居环境,促进城市可持续发展为中心;坚持政府组织、群众参与、统一规划、因地制宜、讲求实效的原则,以种植树木为主,努力建成总量适宜、分布合理、植物多样、景观优美的城市绿地系统。具体包括:

1. 将城市绿化建设纳入国民经济和社会发展计划

《城市绿化条例》第 3 条规定,"城市人民政府应当把城市绿化建设纳入国民经济和社会发展计划"。国民经济和社会发展计划,是国家制定的有关国民经济和社会发展的目标、比例、规模、数量、速度、效益以及措施等方面的规划和指标,是国家宏观调控体系的组成部分。国民经济和社会发展计划的作用在于能够经常和自觉地保持全社会供求总量的平衡和经济结构协调,合理配置和有效利用社会资源,保证国民经济按比例和高效益的发展,使人民的物质文化生活水平不断地得到提高。

城市绿化是城市的重要公用设施之一,又是环境保护和建设的重要组成部分,还是防灾、救灾的重要措施。城市绿化事业覆盖城市社会的各个方面,渗透城市各行各业,关系到城市千家万户和居民个人的身心健康,关系到城市的全局和长远的建设事业。城市绿化是一项长期的任务,需要大量的资金、人力和技术的投入,纳入城市人民政府的国民经济和社会发展计划是不言而喻的。城市人民政府在编制国民经济和社会发展计划时应当确立城市绿化在国民经济和社会发展中的应有地位,统筹兼顾,既有长远的发展目标,又有同近期经济、技术条件相适应的方案、措施,使城市经济健康协调地发展,使城市的各项设施配套、均衡地发挥出应有的综合效益。

2. 加强城市绿化科学研究,推广先进技术,提高城市绿化科学技术和艺术水平

《城市绿化条例》第 4 条规定,"国家鼓励和加强城市绿化的科学研究,推广先进技术,提高城市绿化的科学技术和艺术水平"。要加强城市绿化的基础研究和应用研究,建立健全园林绿化科研机构,增加研究资金。要加强城市绿地系统生物多样性的研究,特别要加强区域性物种保护与开发的研究,注重植物新品种的开发,开展园林植物育种及新品种引进培育的试验。要加强植物病虫害的防治研究和节水技术的研究。加大新成果、新技术的推广力度,大力促进科技成果的转化与应用。要搞好园林绿化设计工作,各城市在园林绿化设计中要借鉴国内外先进经验,体现本地特色和民族风格,突出科学性和艺术性。各地要因地制宜,在植物种类上注重乔、灌、花、草的合理配置,优先发展乔木;园林绿化应以乡土植物为主,积极引进适合在本地区生长发育的园林植物，海关、质量监督检验检疫等部门应积极配合和支持。城市公园和绿地要以植物造景为主，植物配置要以乔木为主，提高绿地生态效益和景观效益，为人民群众营造更多的绿色休憩空间。

3. 城市中的单位和公民，应当依法履行植树绿化义务

《城市绿化条例》第5条规定，"城市中的单位和有劳动能力的公民，应当依照国家有关规定履行植树或者其他绿化义务"。各级人民政府要提高全民植树绿化意识，组织好城市全民义务植树，广泛组织城市适龄居民参加植树绿化活动。要搞好城市全民义务植树规划，严格落实义务植树任务和责任，加强技术指导和苗木基地建设以及苗木供应，确保植树成活率和保存率，保证绿化质量，加快城市绿化事业的发展。

4. 由绿化委员会统一领导、城市建设行政主管部门和林业行政主管等部门分工负责

《城市绿化条例》第7条规定，"国务院设立全国绿化委员会，统一组织领导全国城乡绿化工作；国务院城市建设行政主管部门和国务院林业行政主管部门等，按照国务院规定的职权划分，负责全国城市绿化工作；地方绿化管理体制，由省、自治区、直辖市人民政府根据本地实际情况规定；城市人民政府城市绿化行政主管部门主管本行政区域内城市规划区的城市绿化工作；在城市规划区内，有关法律、法规规定由林业行政主管部门等管理的绿化工作，依照有关法律、法规执行"。根据上述规定，我国城市绿化工作实行"统一领导、分工负责"的管理体制。

"统一领导"，是指由县级以上人民政府设立的绿化委员会，统一组织领导城市绿化工作。各地绿化委员会的职责是：领导全国或本行政区域的绿化工作，指导、协调、督促和检查各行各业的绿化工作。

"分工负责"，是指县级以上人民政府设立的城市建设、林业、城市绿化、交通、铁路等有关部门，按职权划分主管其分工范围内的绿化工作。具体而言，国务院城市建设行政主管部门主管全国城市绿化工作；国务院林业行政主管部门主管城市规划区林场、水库、堤坝等的植树造林和绿化工作；交通行政主管部门负责公路两侧的绿化工作；铁路主管部门负责铁路两侧的绿化工作；城市绿化行政主管部门（园林局、园林绿化局和未设园林局、园林绿化局的建委、城建局等）主管城市规划区内的城市绿化工作，但划归林业等其他主管部门主管的范围除外。

2.2 城市绿化的规划与建设

2.2.1 城市绿化规划

1. 城市绿化规划的原则

《城市绿化条例》第8条规定，"城市人民政府应当组织城市规划行政主管部门

和城市绿化行政主管部门等共同编制城市绿化规划，并纳入城市总体规划"。第 9 条规定，"城市绿化规划应当从实际出发，根据城市发展需要，合理安非同城市人口和城市面积相适应的城市绿化用地面积"。上述规定明确了城市绿化规划的以下两个原则：

（1）城市绿化规划必须纳入城市总体规划。城市绿化规划是城市总体规划的重要组成部分，是城市绿化建设的依据，其主要任务是根据城市发展的要求和具体条件，在国家有关法规政策的指导下，制定城市绿化的发展目标和各类绿化用地指标，选定各项主要绿地的用地范围和使用性质，论证其特点和主要工程、技术措施。城市绿化规划作为一项独立的专业规划，只有纳入城市总体规划，才能较好地协调、平衡同整个城市的其他各类设施的协调发展、同步建设。

（2）从实际出发，合理确定城市绿化规划指标。城市绿化规划指标反映城市绿化的水平和质量。制定科学、合理的城市绿化指标，是提高我国城市整体绿化水平和质量的必要措施，也是衡量城市绿化建设的重要参数，同时为考核城市绿化水平提供了量化标准。《城市绿化条例》的这一原则性规定，为城市绿化规划建设提供了有力的法律保障，有利于全国城市绿化事业均衡地发展。鉴于世界各国城市绿化规划指标有所不同，考核城市绿化的指标也不尽相同。《城市规划法》规定，"编制面向全国的城市绿化指标，要符合我国实际，指标的确定要能较全面地反映城市绿化的水平和质量，又要保持考核指标的连续性和增加国际间的可比性"。

2. 城市绿化规划的编制主体

（1）根据《城市绿化条例》第 8 条的规定，"城市规划行政主管部门和城市绿化行政主管部门是城市绿化规划的编制主体，即城市绿化规划的编制者和执行者"。实践中，城市绿化规划的编制大体分为三种情况：

1）以城市规划部门为主，吸收城市绿化部门参加。

2）由规划部门编制后征求绿化部门的意见。

3）由绿化部门编制后交规划部门汇总到城市总体规划中。

（2）在城市绿化规划的结构和形式上，实践中大体也有三种情况：

1）城市总体规划中包含了城市绿化规划的全部内容，而且内容详细、指标具体、发展项目落实。

2）城市总体规划中只涉及城市绿化总体布局和绿地系统的概要和原则，具体规划和细节均作为总体规划的一项专业规划，单独成为一部分。

3）城市总体规划中对城市绿化规划只作原则规定，缺乏指导实践的调节，需单独组织编制城市绿地系统规划或城市绿化专业规划，纳入城市总体规划。

3. 城市绿化规划建设指标

为了加强城市绿化规划管理，提高城市绿化水平，根据《城市绿化条例》第 9 条的授权，参照各地城市绿化指标现状及发展情况，建设部于 1993 年 11 月 4 日印发了《城市绿化规划建设指标的规定》（以下简称《规定》）。该规定自 1994 年 1 月 1

日起实施。《规定》根据人均公共绿地面积主要受城市人均建设用地指标制约的客观情况，经过测算，将城市人均建设用地分为不足 $75m^2$、$75 \sim 105m^2$ 和超过 $105m^2$ 三种情况，分别制定出人均公共绿地面积、城市绿化覆盖率和城市绿地率三项指标，构成了我国城市绿化规划的指标体系。

（1）人均公共绿地面积指标。人均公共绿地面积，是指城市中每个居民平均占有公共绿地的面积。其计算公式是：

人均公共绿地面积（m^2）＝城市公共绿地面积÷城市非农业人口

人均公共绿地面积指标根据人均建设用地指标而定：

1）人均建设用地指标不足 $75m^2$ 的城市，人均公共绿地面积到 2000 年应不少于 $5m^2$，到 2010 年应不少于 $6m^2$。

2）人均建设用地指标 $75 \sim 105m^2$ 的城市，人均公共绿地面积到 2000 年应不少于 $6m^2$，到 2010 年应不少于 $7m^2$。

3）人均建设用地指标超过 $105m^2$ 的城市，人均公共绿地面积到 2000 年应不少于 $7m^2$，到 2010 年应不少于 $8m^2$。

（2）城市绿化覆盖率指标。城市绿化覆盖率是指城市绿化覆盖面积占城市面积的比率。其计算公式为：

城市绿化覆盖率（%）＝（城市内全部绿化种植垂直投影面积÷城市面积）×100%

城市绿化覆盖率到 2000 年应不少于 30%，到 2010 年应不少于 35%。

（3）城市绿地率指标。城市绿地率是指城市各类绿地（含公共绿地、居住区绿地、单位附属绿地、防护绿地、生产绿地、风景林地六类）总面积占城市面积的比率。计算公式为：

城市绿地率（%）＝（城市六类绿地面积之和÷城市总面积）×100%

城市绿地率到 2000 年应不少于 25%，到 2010 年应不少于 30%。

为保证城市绿地率指标的实现，各类绿地单项指标应符合下列要求：

1）新建居住区绿地占居住区总用地比率不低于 30%。

2）城市道路均应根据实际情况搞好绿化，其中主干道绿带面积占道路总用地比率不低于 20%，次干道绿带面积所占比率不低于 15%。

3）城市内河、海、湖等水体及铁路旁的防护林带宽度应不少于 30m。

4）单位附属绿地面积占单位总用地面积比率不低于 31%，其中工业企业、交通枢纽、仓储、商业中心等绿地率不低于 20%；产生有毒气体及污染工厂的绿地率不低于 30%，并根据国家标准设立不少于 50m 的防护林带；学校、医院、体育场馆、疗养院所、机关团体、公共文化设施、部队等单位的绿地率不低于 35%。因特殊情况不能按上述标准进行建设的单位，必须经城市人民政府城市绿化行政主管部门批准，并根据《城市绿化条例》第 17 条规定，"将所缺面积的建设资金交给城市绿化行政主管部门统一安排绿化建设作为补偿，补偿标准应根据所处地段绿地的综合价值

由所在城市具体规定"。

5）生产绿地面积占城市建成区总面积比率不低于 2%。

6）公共绿地中绿化用地所占比率，应参照《公园设计规范》（CJJ 48—92）执行。属于旧城改造区的，可对上述第一、第二、第四条中规定的指标降低 5 个百分点。

《规定》中制定的具体三项指标考虑到城市的性质、规模和自然条件的差异，因而它是低水平的标准，距离达到满足生态需要的标准相差甚远。因此，《规定》要求：首先，直辖市、风景旅游区、历史文化名城、新开发城市和流动人口较多的城市等，都应有较高的指标；其次，各个城市还要注意相关指标，如人均绿地、植树成活率、保存率、苗木自给率、绿化种植层次结构、重点绿化等指标的变化情况，逐步建立更加完善的城市绿化指标体系。

2001 年《国务院关于加强城市绿化建设的通知》（国发［2001］20 号）中又指出，"今后一个时期城市绿化的工作目标和主要任务是：到 2005 年，全国城市规划建成区绿地率达到 30% 以上，绿化覆盖率达到 35% 以上，人均公共绿地面积达到 8m² 以上，城市中心区人均公共绿地达到 4m² 以上；到 2010 年，城市规划建成区绿地率达到 35% 以上，绿化覆盖率达到 40% 以上，人均公共绿地面积达到 10m² 以上，城市中心区人均公共绿地达到 6m² 以上"。由于各地城市经济、社会发展状况和自然条件差别很大，各地应根据当地的实际情况确定不同城市的绿化目标。为此，要加强城市规划建成区的绿化建设，尽快改变建成区绿地不足的状况，特别是城市中心区的绿化要有大的改观，要多种树、种大树，增加绿化面积，改善生态质量。加快城市范围内道路和铁路两侧林带、河边、湖边、海边、山坡绿化带的建设步伐。建成一批有一定规模、一定水平和分布合理的城市公园，有条件的城市要加快植物园、动物园、森林公园和儿童公园等各类公园的建设。居住区绿化、单位绿化及各类建设项目的配套绿化都要达到《城市绿化规划建设指标的规定》的标准。要大力推进城郊绿化，特别是在特大城市和风沙侵害严重的城市周围形成较大的绿化隔离林带，在城市功能分区的交界处建设绿化隔离带，初步形成各类绿地合理配置，以植树造林为三、乔、灌、花、草有机搭配，城郊一体的城市绿化体系。

2.2.2 城市绿化建设

1. 城市绿化建设的原则

《城市绿化条例》第 12 条规定，"城市绿化工程的设计，应当借鉴国内外先进经验，体现民族风格和地方特色。城市公共绿地和居住区绿地的建设，应当以植物造景为主，选用适合当地自然条件的树木花草，并适当配置泉、石、雕塑等景物"。这一规定主要确立了城市绿化工程设计的两个原则：

（1）借鉴国内外先进经验、体现民族风格和地方特色。"借鉴国内外先进经验"

是指要借鉴、学习国内外一切对城市绿化建设有价值的范例、方法和经验，以及借鉴国内外当代城市绿化的有益实践和先进理论。"体现民族和地方特色"是指要反映一个民族历史延续下来的生活习惯、风土人情、民族艺术等文化特征的精髓，以及反映一个地方区别于其他地方的综合特点和优秀成分。

（2）以植树造景为主，辅之以适合当地自然条件的树木花草。植物造景是指以植物材料为主通过一定的技艺手法进行造园或绿化建设。"选用适合当地自然条件的树木花草"，即通称的"适地适树"。

2. 城市绿化工程设计

《城市绿化条例》第11条规定，"城市绿化工程的设计，应当委托持有相应资格证书的设计单位承担"。所谓"相应资格证书的设计单位"是指国家或地方主管部门根据统一标准和业务范围按照一定程序评定合格，并取得相应等级的设计资格证书的设计单位。根据有关规定，城市绿化工程专业设计资格分为甲、乙、丙、丁四级，并对具有这四级资格的设计单位的业务范围分别作了相应规定，如具有甲级设计资格的设计单位业务范围不受限制；具有乙级设计资格的设计单位可承担中、小型园林绿化工程设计，地区不限；具有丙级设计资格的设计单位可承担单位所在地范围内的中、小型园林绿化工程设计；具有丁级设计资格的设计单位可承担所属地区范围内的小型园林绿化工程设计。甲级设计资格评定由国务院建设行政主管部门负责，乙级以下设计资格评定由省、自治区、直辖市建设行政主管部门和下属行政主管部门负责。工程建设项目的附属绿化工程设计方案，按照基本建设程序审批时，必须有城市人民政府城市绿化行政主管部门参加审查。工程建设项目的附属绿化工程，是指所有在城市中进行的新建、扩建、改建的工业、民用、公共建筑等工程建设项目中的有关建设的子项目，或者是属于单位附属绿地的绿化建设项目。

此外，根据《城市绿化条例》第11条规定，"城市的公共绿地、居住区绿地、风景林地和干道绿化带等绿化工程的设计方案，必须按照规定报城市人民政府城市绿化行政主管部门或者其上级行政主管部门审批"。项目主管部门不是城市园林行政主管部门的，在审批项目设计方案时应有城市绿化行政主管部门参加，对已批准的设计方案，任何单位和个人都不准擅自改变，确需改变时，须经原批准机关审批。

3. 城市绿化工程施工

城市绿化工程的施工，是城市绿化建设的重要实施阶段，对提高城市绿化水平具有举足轻重的作用。因此，《城市绿化条例》第16条规定，"城市绿化工程的施工，应当委托有相应资格证书的单位承担。绿化工程竣工后，应当经城市人民政府城市绿化行政主管部门或者该工程的主管部门验收合格后，方可交付使用"。

城市新建、扩建、改建工程项目和开发住宅区项目，需要绿化的，其基本建设投资中应当包括配套的绿化建设投资，并统一安排绿化施工，在规定的期限内完成绿化任务。

2.2.3　创建国家园林城市

1. 概况

自 1992 年开始，国务院建设行政主管部门在总结各地开展建设"园林城市"、"花园城市"活动和全国城市环境综合整治工作的基础上，决定开展以建设"园林城市"为目标，提高城市园林绿化水平，改善城市环境和整体素质的活动。2005 年 3 月，为了更加全面科学的指导和规范国家园林城市的创建活动，引导城市建设的健康发展，按照《国务院关于加强城市绿化建设的通知》要求，建设部组织专家对《国家园林城市申报与评审办法》以及《国家园林城市标准》进行了修订。

《国家园林城市申报与评审办法》对园林城市的申报范围、申报条件、申报时间、申报程序、申报材料、评审程序、复查管理方面作了规定。

《国家园林城市标准》对组织领导、管理制度、景观保护、绿化建设、园林建设、生态环境、市政设施等方面作了具体要求。

1992 年国家批准的第一批园林城市有：北京、合肥、珠海；1994 年第二批有：杭州、深圳；1996 年第三批有：马鞍山、威海、中山；1997 年第四批有：大连、南京、厦门、南宁；1999 年第五批有：青岛、濮阳、十堰、佛山、三明、秦皇岛、烟台、上海浦东区（国家园林城区）；2002 年第六批有：江门市、惠州市、茂名市、肇庆市、海口市、三亚市、襄樊市、石河子市、常熟市、长春市、上海市闵行区（国家园林城区）；2003 年第七批有：上海市、宁波市、福州市、唐山市、吉林市、无锡市、扬州市、苏州市、绍兴市、桂林市、绵阳市、荣成市、张家港市、昆山市、富阳市、开平市、都江堰市。随着创建国家园林城市活动的深入开展，极大地促进了城市绿化事业持续健康的发展，各地创造出许多建设园林城市的宝贵经验。

2. 园林城市的绿化建设标准

（1）指标管理。城市园林绿化工作成果达到全国先进水平，各项园林绿化指标近三年逐年增长；经遥感技术鉴定核实，城市绿化覆盖率、建成区绿地率、人均公共绿地面积指标达到基本指标要求；各城区间的绿化指标差距逐年缩小，城市绿化覆盖率、绿地率相差在 5 个百分点以内、人均绿地面积差距在 $2m^2$ 以内；城市中心区人均公共绿地达到 $5m^2$ 以上。

指　　标	区　　域	100 万以上 人口城市	50～100 万 人口城市	50 万以下 人口城市
人均公共绿地 面积/m^2	秦岭淮河以南 秦岭淮河以北	7.5 7	8 7.5	9 8.5
城市绿地率 （%）	秦岭淮河以南 秦岭淮河以北	31 29	33 31	35 34
城市绿化覆盖率 （%）	秦岭淮河以南 秦岭淮河以北	36 34	38 36	40 38

（2）道路绿化。城市道路绿化符合《城市道路绿化规划与设计规范》，道路绿化普及率、达标率分别在95%和80%以上，市区干道绿化带面积不少于道路总用地面积的25%；全市形成林荫路系统，道路绿化具有本地区特点。

（3）居住区绿化。新建居住小区绿化面积占总用地面积的30%以上，辟有休息活动园地，旧居住区改造，绿化面积不少于总用地面积的25%；全市"园林小区"占60%以上；居住区园林绿化养护管理资金落实，措施得当，绿化种植维护落实，设施保持完好。

（4）单位绿化。市内各单位重视庭院绿化美化，全市"园林单位"占60%以上；城市主干道沿街单位90%以上实施拆墙透绿。

（5）苗圃建设。全市生产绿地总面积占城市建成区面积的2%以上；城市各项绿化美化工程所用苗木自给率达80%以上，出圃苗木规格、质量符合城市绿化工程需要；园林植物引种、育种工作成绩显著，培育和应用一批适应当地条件的具有特性、抗性优良的品种。

（6）城市全民义务植树。认真组织全民义务植树活动，实施义务植树登记卡制度，植树成活率和保存率均不低于85%，尽责率在80%以上；组织开展城市绿地认建、认养、认管等群众性绿化活动，成效显著。

（7）立体绿化。积极推广建筑物、屋顶、墙面、立交桥等立体绿化，取得良好的效果；立体绿化具有一定规模和较高水平的城市，其立体绿化可按一定比例折算成城市绿化面积。

3. 园林城市的园林建设标准

（1）城市公共绿地布局合理，分布均匀，服务半径达到500m（1000m² 以上公共绿地）的要求。

（2）公园设计符合《公园设计规范》的要求，突出植物景观，绿化面积应占陆地总面积的70%以上，植物配置合理，富有特色，规划建设管理具有较高水平。

（3）制定保护规划和实施计划，古典园林、历史名园得到有效保护。

（4）城市广场建设要突出以植物造景为主，绿地率达到60%以上，植物配置要乔、灌、草相结合，建筑小品、城市雕塑要突出城市特色，与周围环境协调美观，充分展示城市历史文化风貌。

（5）近三年，大城市新建综合性公园或植物园不少于3处，中小城市不少于1处。

2.3 城市绿化的保护与管理

2.3.1 城市绿地的保护管理

1. 城市绿地的管理责任分工

根据《城市绿化条例》第18条的规定，"城市的公共绿地、风景林地、防护绿

地、行道树及干道绿化带的绿化，由城市人民政府城市绿化行政主管部门管理；各单位管界内的防护绿地的绿化，由该单位按照国家有关规定管理；单位自建的公园和单位附属绿地的绿化，由该单位管理；居住区绿地的绿化，由城市人民政府城市绿化行政主管部门根据实际情况确定的单位管理；城市苗圃、草圃和花圃等，由其经营单位管理"。

2. 对城市绿地和绿化种植的保护

根据《城市绿化条例》、建设部《关于加强城市绿地和绿化种植保护的规定》的有关规定，对城市绿地和绿化种植的保护措施主要有：

（1）禁止任何单位和个人非法占用城市绿地和擅自砍伐、毁坏绿化种植。

（2）禁止将城市公共绿地、防护绿地、生产绿地、风景林地出租或用作抵押；禁止侵占公共绿地搞其他建设项目；禁止将公园绿地用于合资共建；城市国有土地成片出让时，不得包括其中的公共绿地、防护绿地、生产绿地和风景林地。

（3）城市新建、扩建、改建住宅区和工程项目都应按规定标准及时建设配套绿地。确有困难达不到标准的，须经城市园林绿化行政主管部门批准，并按实际造价和环境效益的损失移地给予补偿。

（4）因城市总体规划调整，确需占用城市规划绿地的，由城市规划行政主管部门制定调整规划，征得城市园林绿化行政主管部门同意，报经原规划审批单位批准后实施。

（5）因建设或特殊原因确需占用城市绿地的单位，应向城市园林绿化行政主管部门提出申请，落实补偿措施，根据占地规划逐级报经城市建设行政主管部门批准。一次占用城市绿地1公顷以上的，必须经省级主管部门审核报国务院城市建设行政主管部门批准，方可依法办理规划用地手续。

（6）因建设或其他需要必须砍伐城市树木和毁坏绿化种植的，必须按规定报经城市园林绿化行政主管部门批准，并根据树木或绿化种植的价值和生态效益等综合价值加倍补偿。城市树木大规模的更新，必须经专家论证签署意见后，报省级主管部门批准，并报国务院城市建设行政主管部门备案。

2.3.2 绿化设施的保护管理

根据《城市绿化条例》，对绿化设施的保护管理规定主要有：

（1）城市的绿地管理单位，应当建立、健全管理制度，保持树木花草繁茂及绿化设施（灌溉、防护、照明、指示标志、游览休息场所、装饰设施等）完好。

（2）城市市政公用管线的管理单位，为保证管线的安全使用需要修剪树木时，必须经城市绿化行政主管部门批准，并按照兼顾管线安全使用和树木正常生长的原则进行修剪。承担修剪费用的办法，由城市人民政府规定。但因不可抗力致使树木倾斜危及管线安全时，管线管理单位可以先行修剪，扶正或者砍伐树木。但是，应当在采取上述保护管理的安全措施后，及时向城市绿化行政主管部门和树木所在绿地的管理单位报告情况，证实其措施得当，并共同处理善后或采取补救措施。

2.3.3　古树名木的保护管理

1. 古树名木的范围界定、管理体制和管理原则

（1）古树名木的范围界定。根据《城市古树名木保护管理办法》的规定，"古树是指树龄在 100 年以上的树木；名木是指国内外稀有的以及具有历史价值和纪念意义、重要科研价值的树木。其中树龄在 300 年以上或者特别珍贵稀有、具有重要历史价值和纪念意义以及具有重要科研价值的古树名木，为一级古树名木；其余为二级古树名木"。

（2）古树名木的管理体制。根据有关法规、规章的规定，"对古树名木的管理实行分级分部门管理的体制"。即国务院建设行政主管部门负责全国城市古树名木的保护管理工作；省、自治区、直辖市人民政府及其建设行政主管部门负责本行政区域内的城市古树名木的保护管理工作；城市人民政府及其园林绿化行政主管部门负责本行政区域内古树名木的保护管理工作。

（3）古树名木保护的管理原则。古树名木保护管理工作实行专业养护部门保护管理和单位、个人保护管理相结合的原则。具体保护管理单位和个人的责任分工是：生长在城市园林绿化专业养护管理部门管理的绿地、公园等的古树名木，由城市园林绿化专业养护管理部门保护管理；生长在铁路、公路、河道用地范围内的古树名木，由铁路、公路、河道管理部门保护管理；生长在风景名胜区内的古树名木，由风景名胜区管理部门保护管理；散生在各单位管理界内及个人庭院中的古树名木，由所在单位和个人保护管理。变更古树名木养护单位或者个人，应当到城市园林绿化行政主管部门办理养护责任转移手续。

2. 对古树名木的保护管理措施

根据《城市绿化条例》、《城市古树名木保护管理办法》等法规、规章的有关规定。对古树名木的保护管理措施主要包括：

（1）建立古树名木的确认、备案和档案制度。城市人民政府的园林绿化行政主管部门应当对本行政区域内的古树名木进行调查、鉴定、定级、登记、编号，并建立档案和设立标志。一级古树名木由省、自治区、直辖市人民政府确认，报国务院建设行政主管部门备案；二级古树名木由城市人民政府确认，直辖市以外的城市报省、自治区建设行政主管部门备案。

（2）设立古树名木价值说明和保护标志。古树名木的管理部门应当对本部门保护管理的古树名木进行挂牌，标明树名、学名、科属、树龄、价值说明等内容，划定一定的保护范围，并完善相应的保护设施。

（3）制定养护管理方案，落实养护管理责任制。城市人民政府园林绿化行政主

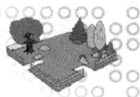

管部门应当对城市古树名木按实际情况分别制定养护、管理方案，落实养护责任单位和责任人，并进行检查指导。古树名木养护单位或者责任人，应当按照城市园林绿化行政主管部门规定的养护管理措施实施养护管理，并承担养护管理费用。抢救、复壮古树名木的费用，城市园林绿化行政主管部门可适当给予补贴。当古树名木受到损害或者长势衰弱时，养护单位和个人应当立即报告城市园林绿化行政主管部门，由城市园林绿化行政主管部门组织治理复壮；对已死亡的古树名木，应当经城市园林绿化行政主管部门确认，查明死因，明确责任并予以注销登记后，方可进行处理。处理结果应及时上报省、自治区建设行政部门或者直辖市园林绿化行政主管部门。

（4）实行建设工程对古树名木的避让、保护措施。新建、改建、扩建的建设工程影响古树名木生长的，建设单位必须提出避让和保护措施。城市规划行政部门在办理有关手续时，要征得城市园林绿化行政主管部门的同意，并报城市人民政府批准。

（5）严禁砍伐和擅自移植古树名木，严格特殊情况下的移植批准程序。任何单位和个人不得以任何理由、任何方式砍伐和擅自移植古树名木。对于因大型工程建设等特殊情况确需移植古树名木的，移植单位在移植前必须制定移植方案，确保移植地点、移植方法等符合古树名木的生长要求，确保移植方案切实可行。移植一级古树名木的，应报经省、自治区建设行政主管部门审核，并报省、自治区人民政府批准；确需移植二级古树名木的，应当经城市园林绿化行政主管部门和建设行政主管部门审查同意后，报省、自治区建设行政主管部门批准；直辖市确需移植一、二级古树名木的，由城市园林绿化行政主管部门审核，报城市人民政府批准。移植所需费用，由移植单位承担。

此外，城市园林绿化行政主管部门应当加强对城市古树名木的监督管理和技术指导，积极组织开展对古树名木的科学研究，推广应用科研成果，普及保护知识，提高保护和管理水平。城市人民政府应当每年从城市维护管理经费、城市园林绿化专项资金中划出一定比例的资金用于城市古树名木的保护管理。

2.3.4　城市公共绿地内商业、服务经营活动的管理

城市公共绿地是广大城市居民休息、参观、游览和开展科学文化活动的主要场所。城市绿化行政主管部门对城市公共绿地的日常养护、管理的主要目的，在于保证其作为城市居民主要活动场所的清洁、美观、方便，使公共绿地常年做到环境清新、景色宜人、花木茂盛、服务周全。为了保证城市公共绿地范围内的商业和服务设施设置合理，《城市绿化条例》规定了在城市公共绿地内开设商业、服务摊点的管理责任和程序。原则上公共绿地内的商业服务经营管理由城市园林绿化行政主管部门统一领导、规划、建设和管理。在公共绿地内独立经营的商业、服务摊点的经营者首先应向所在公共绿地的管理单位提出申请，说明其经营的内容、方式、规模、地点、摊位形式和需要公共绿地管理单位提供的条件等，由公共绿地管理单位签署意见，报请城市

39

绿化行政主管部门审批。经审批同意后，经营者还必须依法向工商行政管理部门申请营业执照，方为合法经营。经营者在经营期间必须遵守公共绿地和工商行政管理的各项规章制度，服从公共绿地管理人员的管理，禁止流动叫卖。

2.4 违反城市绿化法的法律责任

1. 违法建设施工的行为及法律责任

违法建设施工行为，是指建设施工单位建设施工所依据的城市绿化工程设计方案未经法定主管部门批准或者未按照批准的施工方案进行建设施工的行为。根据《城市绿化条例》第11条的规定，"工程建设项目的附属绿化工程和公共绿地、居住区绿地、风景林地、干道绿地等绿化工程项目的设计方案，必须按照规定报城市绿化行政主管部门或其上级行政主管部门审批；建设施工单位必须按照批准的设计方案进行施工"。

建设施工单位违法施工的行为包括两种情况：一是建设施工所依据的设计方案未经批准，设计方案未经批准包括：设计方案不是由具有相应资质证书的设计单位设计的；设计方案不符合国家有关方针政策和法规的规定；设计方案的科学性和艺术性达不到专业要求，或者不符合城市规划的要求，同周围的环境不协调；设计方案未报经城市园林绿化行政主管部门审批，或者虽报经审批而未获批准或未取得批准文件。二是未按批准的设计方案施工，即虽然设计方案经审批部门批准，但建设施工单位未经原批准部门同意，擅自完全或部分改变原设计方案进行建设施工。

违法建设施工的法律责任包括行政责任和民事责任。城市绿化行政主管部门根据违法建设、施工单位的违法程度，分别对其给予停止施工、限期改正或者采取其他补救措施（交纳绿化延误费、罚款、重新委托或指定施工单位等）。违法建设施工单位的民事责任，是指违法建设施工单位因其违法建设施工行为给设计单位造成经济或信誉上的损失时所应承担的赔偿损失责任。

2. 损坏花草、树木及绿化设施的行为及法律责任

（1）损坏城市树木花草的行为。损坏城市树木花草的行为，是指行为人损坏城市中绿化树木的器官，损坏花卉的整体或布局，践踏、挖掘或开路等破坏草坪、地被植物以及在树木花草周围乱弃废弃物、排放烟尘、粉尘、有毒气体等间接破坏行为。

（2）擅自砍伐城市树木的行为。该行为是指行为人以营利为目的，未经法定主管部门批准，擅自修剪或采伐城市树木的行为。这里的"法定主管部门"通常是指园林绿化主管部门或未设城市园林绿化行政主管部门的城市建设行政主管部门。但县级以上人民政府规定由林业行政主管部门核发林木采伐许可证的，修剪或砍伐城市树木的单位和个人，必须依法经林业行政主管部门核发林木采伐许可证，并按林木采伐许可证规定的内容修剪或采伐城市树木。

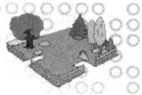

（3）破坏古树名木及其标志、保护设施的行为。破坏古树名木的行为，是指行为人违法砍伐、移植、买卖、转让、损伤古树名木，危害古树名木生长以及不尽养护管理责任，导致古树名木死亡的行为。这些行为包括：未经法定主管部门、机关审查、审核和批准，砍伐和擅自移植古树名木的；集体和个人所有的古树名木，未经城市园林绿化行政主管部门审核并报城市人民政府批准，进行买卖、转让的；建设单位对新建、改建、扩建的建设工程影响到古树名木生长时，未经法定主管部门同意并报有关人民政府批准，又未采取避让和保护措施的；在古树名木上刻划、张贴或者悬挂物品的；在施工等作业时借古树名木作为支持物或者固定物的；攀树、折枝、挖根、摘采果实种子或者剥损树枝、树干、树皮的；在距树冠垂直投影 5m 的范围内，堆放物料、挖坑取土、兴建临时设施建筑、倾倒有害污水、污物、垃圾、动用明火或者排放烟气的；古树名木的养护管理责任单位和责任人，不按规定的管理养护方案实施保护管理，影响古树名木正常生长，或者在古树名木已受损害或者衰弱时未报告有关部门，并未采取补救措施而导致古树名木死亡的等。

（4）损坏城市绿化设施的行为。该行为是指行为人损坏与绿化植物相配套的人工构筑或者设置物的行为。绿化设施一般包括以下几类：一是维护或保护绿化植物正常生长的设施，如给水排水管道、喷灌、树木支架、风障、树池、护栏等；二是游人休息设施，如座椅、座凳等；三是观赏、游览设施，如建筑小品、说明牌、指示标志、路灯等；四是场地和设施，如园路、铺装广场；五是城市绿化用机具，如洒水车、剪草机、打坑机等；六是其他与城市绿化或绿地有关的设施。

《城市绿化条例》第 27 条规定，"对行为人有上述（1）～（4）条违法行为、未构成犯罪的，由城市绿化行政主管部门或其授权单位责令停止侵害，可以并处罚款；造成损失的，依法承担赔偿损失；对应当给予治安管理处罚的，由公安机关依法处罚"。

损坏城市花草树木及城市绿化设施的行为，数额较大或者有其他严重情节的，可构成故意毁坏财物罪，处 3 年以下有期徒刑或者罚金；数额巨大或者有其他特别严重情节的，处 3 年以上 7 年以下有期徒刑。"数额较大"的标准，暂由各省、自治区、直辖市根据当地犯罪行为发生时的经济发展状况以及公民家庭、个人平均收入、城乡差别等情况规定；"情节严重"一般是指行为人作案动机卑鄙，手段恶劣，多次作案，损失严重，聚众作案以及教唆未成年人作案等情节。

擅自砍伐城市树木，情节严重的，可构成盗伐林木罪、滥伐林木罪；违法采伐、毁坏古树名木的，构成非法采伐、毁坏古树名木罪，均可依法追究刑事责任。

3. 擅自占用城市绿化用地的行为及法律责任

该行为是指行为人未经城市绿化行政主管部门批准，占用城市绿化用地或者将其用地性质改作他用的行为。《城市绿化条例》第 28 条规定，"对擅自占用城市绿化用地的行为，由城市绿化行政主管部门责令其限期退还、恢复原状，可以并处罚款；造成损失的，应当依法赔偿损失。情节严重的，可构成非法批准征用、占用土地罪，处

3 年以下有期徒刑或者拘役；致使国家或者集体利益遭受特别重大损失的，处 3 年以上 7 年以下有期徒刑"。"情节严重"是指：一次性非法批准征用、占用基本农田、其他耕地以外的其他土地 3.33hm² 以上的；12 个月内非法批准征用、占用土地累计达到上述标准的；非法征用、占用土地数量虽未达到上述标准，但接近上述标准且导致被非法批准征用、占用的土地或植被遭严重破坏的，或者直接经济损失达 20 万元以上的等情况。

4. 擅自在城市公共绿地内开设商业、服务摊点和不服公共绿地管理单位对商业、服务摊点管理的行为及法律责任

它包括两种行为：一是擅自在城市公共绿地开设商业、服务摊点的行为，是指未经城市绿化行政主管部门或其授权单位同意，自行在城市公共绿地上开设商业、服务摊点的行为。二是商业、服务摊点的经营者不服公共绿地管理单位管理的行为。具体包括：不在公共绿地管理单位指定的地点从事经营活动；不符合公共绿地管理单位的有关规章制度；不服从检查、不按规定更新改造、维护管理等；因经营作风不正，影响公共绿地管理单位信誉，经批评教育拒不改正等。

根据《城市绿化条例》第 29 条的规定，"对实施上述第一种行为的行为人，由城市绿化行政主管部门或其授权单位责令其限期迁出或者拆除，可以并处罚款；造成损失的，应当承担赔偿责任。对于上述第二种行为，由城市绿化行政主管部门或其授权的单位给予警告，可以并处罚款；情节严重的，由城市园林绿化行政主管部门取消其设点申请批准文件，并可以提请工商行政管理部门吊销其营业执照"。

对上述各种违反城市绿化法的罚款金额、补偿办法、补救措施等，根据《城市绿化条例》第 33 条的规定，"由省、自治区、直辖市（含经国务院批准有立法权的较大的城市）人民政府制定地方政府规章或者地方性法规的具体规定"。

5. 城市绿化行政主管部门和城市绿地管理单位的工作人员玩忽职守、滥用职权和徇私舞弊的行为及法律责任

城市绿化行政主管部门和城市绿化管理单位的工作人员，在行使管理工作或执法过程中玩忽职守、滥用职权和徇私舞弊的行为，属于渎职行为。这些行为不仅是亵渎公职和损害国家机关的正常管理活动，而且往往因其渎职行为而致使公共财产或国家和人民利益遭受一定的损失。对此直接责任人员或者单位负责人，依法由其所在单位或者上级主管机关给予行政处分；构成犯罪的，依法追究刑事责任。

6. 城市绿地管理单位的民事侵权行为及法律责任

城市绿地管理单位是指依据国家园林法规规定对城市各类绿地分别负有管理责任的单位。根据《城市绿化条例》第 18 条的规定，"城市绿地管理单位包括：对城市的公共绿地、风景林地、防护绿地、行道树及干道绿化带的绿化负有管理责任的城市绿化行政主管部门；对本单位所属的防护绿地和附属绿地负有管理责任的单位；由城市绿化行政主管部门根据实际情况确定的管理居住区绿地的单位和负责生产绿地

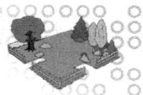

管理的经营单位"。这些单位因自身过失管理不善，使其管理范围内的树木和相关设施给他人造成人身（或财产）损害的，依据《民法通则》第 119 条、第 126 条的规定，"由所有人或管理人对受害人依法承担侵权民事赔偿责任"。

2.5　案例分析

案例一

1. 案情简介

2003 年，位于沈阳市和平区抚顺路的某房屋开发公司，未经城市绿化行政主管部门批准，擅自将门前约 150m² 的绿地改建为水泥地面，将公用面积划为己有，侵害了附近居民利益。

2. 本案评析

《沈阳市城市绿化条例》第 19 条规定，"任何单位和个人都不得擅自改变城市绿化规划用地性质或者破坏绿化规划用地的地形、地貌、水体和植被"。第 20 条规定，"因建设或者其他特殊需要临时占用城市绿化用地，须经城市人民政府城市绿化行政主管部门同意，并按照有关规定办理临时用地手续"。第 22 条规定，"因建设或者其他特殊情况确需占用绿地、改变城市绿地性质的，经批准后，由占用单位承担易地绿化建设费用"。第 32 条，"擅自占用城市绿地或在规划预留绿地进行建设的，责令退还，恢复原状，并对责任单位按照占用绿地面积处以每平方米 200 元以上 500 元以下罚款"。

案例二

1. 案情简介

××市城区很多主次干道两侧都栽植了一种女贞树，其为木犀科常绿乔木女贞，不仅是很好的绿化树种，同时亦有药用价值，××市部分市民为谋私利敲打女贞树枝，收集成熟的树种变卖。某日，城管执法队员看到一名中年妇女正在用木棒敲打着女贞树，地面上散落着大量的树叶和树种，前面几棵树还留有被敲打过的痕迹，队员立即上前制止其违法行为，但当事人对自己的违法行为不以为然。在队员的反复教育后，当事人终于认识到自己的错误。为维护法律的严肃性，执法队员依法责令其立即停止违法行为，并给予 100 元罚款的行政处罚。

2. 本案评析

根据《国务院城市绿化管理条例》第 21 条，"任何单位和个人都不得损坏城市树木花草和绿化设施"。第 27 条，损坏城市树木花草的，由城市人民政府城市绿化行政主管部门或者其授权的单位责令停止侵害，可以并处罚款；造成损失的，应当负赔偿责任；应当给予治安管理处罚的，依据《中华人民共和国治安管理处罚条例》的有关规定处罚；构成犯罪的，依法追究刑事责任"。

案例三

1. 案情简介

2005年3月6日上午，被告人李某和河南省驻马店市居民牛某（另案处理）等人来到九江县新合镇××村，与该村会计帅某（另案处理）协商购买关山村天然樟树，用于城市绿化。帅某在未征得村委会同意的情况下，擅自与被告人李某达成口头协议，约定以每棵40元出售该村山上的天然樟树，树装车时点数付款。随即，帅某带李某等人上山看树。3月6日至9日上午，被告人李某在未办理野生植物经营证、采集证等手续的情况下，雇工采挖山上天然樟树29棵，并且将一棵樟树砍去树冠尚待采挖。被告人李某事先已与牛某口头约定，以每棵150元将樟树出售给牛某，并且负责采挖、包装和上车。牛某已支付被告人李某钱款4000元。3月9日上午，当李某和牛某将采挖的樟树装车交易时被接到群众举报赶至现场的该县森林公安局新合派出所民警人赃俱获。经九江县林业局鉴定，被告人李某采挖的樟树为国家二级保护野生植物，平均胸径18.4cm。

2. 本案评析

为了保护、发展和合理利用野生植物资源，保护生物的多样性，维护生态平衡，国家保护野生植物及其生长环境。被告人李某采挖樟树已对野生植物及其生长环境、生态平衡造成破坏，故刑法意义上的采伐行为从法理上讲应作扩大解释，客观上应包含采挖行为，根据《国家林业局关于规范树木采挖管理有关问题的通知》（林资发〔2003〕41号）规定，"采挖树木按照采伐的有关规定进行管理；无证采挖树木造成破坏的，应按照无证采伐林木的规定进行处罚"。故被告人李某违反国家规定，非法采伐国家二级保护野生植物樟树29棵，情节严重，其行为已构成非法采伐国家重点保护植物罪。

思考练习

1. 《城市绿化条例》都包括哪些主要内容？
2. 城市绿化的指导思想是什么？
3. 简述我国城市绿化规划指标体系。
4. 城市绿化工程专业设计资格分为几级？说出各级设计单位的业务范围。
5. 园林城市的园林建设标准有哪些？
6. 城市绿地的管理责任如何划分？对城市绿地和绿化种植的保护有哪些规定？
7. 对古树名木的范围、管理体制、管理原则、保护措施作了哪些具体规定？
8. 违反《城市绿化条例》的责任是如何规定的？

第 3 章　风景名胜区法规

[教学要求]　● 掌握立法概况以及《风景名胜区条例》的基本内容。
　　　　　　● 了解风景名胜区规划的编制内容和程序。
　　　　　　● 了解风景名胜区的分区保护规定与分级保护规定的具体要求。
　　　　　　● 风景名胜区的各项管理工作。
[知识要点]　● 风景名胜区总体规划和详细规划包括的内容。
　　　　　　● 风景名胜区保护的措施。
　　　　　　● 违反风景名胜区管理法的各种行为及其应当承担的法律后果。

3.1　概述

3.1.1　风景名胜区的概念和作用

1. 风景名胜区的概念

《风景名胜区条例》中所称的风景名胜区，是指具有观赏、文化或者科学价值，自然景观、人文景观比较集中，环境优美，可供人们游览或者进行科学、文化活动的区域。

《风景名胜区规划规范》（GB 50298—1999）中所称的风景名胜区，是指风景资源集中，环境优美，具有一定规模和游览条件，可供人们游览欣赏、休憩娱乐或进行科学文化活动的地域。风景名胜区也称风景区，海外的国家公园相当于国家级风景区。

国际上对国家公园的认同价值是，认为国家公园是"生物基因库"、环境的指示器和自然博物馆，是研究生态系统的实验室和环境教育的课堂。现在各国也都从以上几个方面的价值趋向对国家公园予以审定。

2. 风景名胜区的划分

（1）国家级风景名胜区。自然景观和人文景观能够反映重要自然变化过程和重大历史文化的发展过程，基本处于自然状态或者保持历史原貌。具有国家代表性的，可以申请设立国家级风景名胜区。设立国家级风景名胜区，由省、自治区、直辖市人民政府提出申请，国务院建设主管部门会同国务院环境保护主管部门、林业主管部门、文物主管部门等有关部门组织论证，提出审查意见，报国务院批准公布。

（2）省级风景名胜区。具有区域代表性的，可以申请设立省级风景名胜区。设立省级风景名胜区，由县级人民政府提出申请，省、自治区人民政府建设主管部门或者直辖市人民政府风景名胜区主管部门，会同其他有关部门组织论证，提出审查意见，报省、自治区、直辖市人民政府批准公布。

3. 国家级风景名胜区

国务院分别于 1982 年、1988 年、1994 年、2002 年和 2004 年先后公布了五批国家级风景名胜区。截至 2005 年 2 月，我国经政府审定命名的风景名胜区共有 677 个，其中国家级风景名胜区 187 个（总面积 9.6 万 km^2，占全国陆地面积的 1%）、省级风景名胜区 452 个、市县级风景名胜区 48 个，总面积占国土面积的 1% 以上。在这些风景名胜区中，由联合国教科文组织列入《世界遗产名录》的中国国家重点风景名胜区已达 16 处，其中包括泰山、黄山、峨眉山、乐山、武夷山、庐山、武陵源、九寨沟、黄龙、青城山、都江堰、三江并流等闻名世界的风景名胜。

1872 年，世界上第一个国家公园——美国的黄石公园诞生。100 多年来，世界上已有 124 个国家建立了 2600 多个国家公园，其面积约占地球陆地面积的 2.6%。

4. 风景名胜区的作用

中华人民共和国建设部发布的《中国风景名胜区形势与展望》绿皮书确定风景名胜区的功能和作用为：

（1）保护生态、生物多样性与环境。自人类进入工业社会以来，人们征服自然，改造自然，开发资源，有的甚至是掠夺性开发，导致生态失衡，环境恶化，生物多样性遭到破坏。而难得保存下来的优美的原生自然风景，就成了人们回归大自然和开展科学文化活动的理想场所。

（2）发展旅游事业，丰富文化生活。风景名胜区的壮丽山河、灿烂文化、历史文物、民俗风情，吸引人们去访胜猎奇，人们回归到大自然之中能陶冶情操、锻炼体魄，也能激发热爱祖国的激情。

（3）开展科学研究和文化教育。风景名胜区是研究地球变化、生物进化等自然科学的天然实验室和博物馆，其中的人文景观为研究人类文明进步提供了直接的标本。

（4）通过合理开发，发挥经济效益和社会效益。风景名胜区的资源是可以利用的，是能产生经济效益和社会效益的。只要在严格保护下合理利用，能作为旅游资源加以开发，能带动地方的经济建设，同时也能通过开展科研文化活动产生社会效益。

国家制订的指导风景名胜区工作的基本原则是："科学规划、统一管理、严格保护、永续利用"。

3.1.2 风景名胜区法规的立法

1. 立法概况

风景名胜区法规是调整人们在保护、利用、开发和管理风景名胜资源各项活动中

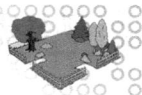

产生的各项社会关系的法律规范的总称。其立法目的是为了加强风景名胜区的管理、保护、利用和开发风景名胜资源。

1985年国务院颁布的《风景名胜区管理暂行条例》是我国第一个关于风景名胜区工作的行政法规。为了适应新时期风景名胜区管理工作的需要，为了深刻认识风景名胜资源在严格保护的前提下进行合理开发利用的重要意义，正确处理保护与开发的关系，就要进一步明确保护和管理责任，规范各项工作，促进风景名胜区保护事业持续健康的发展。在总结分析《风景名胜区管理暂行条例》实施20多来的实践经验中，并在研究借鉴国外风景名胜资源管理立法经验的基础上，经国务院第149次常务会议审查通过了《风景名胜区条例》，自2006年12月1日起施行。它的颁布实施，标志着我国风景名胜区管理工作全面纳入法制化的轨道。这对进一步规范风景名胜区的设立、规划和管理，有效保护和合理利用风景名胜区资源，促进经济发展，推进依法行政，具有十分重要的意义。

另外，还有一些政策性文件：建设部发布的《风景名胜区环境卫生管理标准》(1992)、《风景名胜区建设管理规定》(1993)、《中国风景名胜区形势与展望》绿皮书(1994)、《风景名胜区管理处罚规定》(1994)、《风景名胜区安全管理标准》(1995)、国务院办公厅印发的《关于加强风景名胜区保护管理工作的通知》(1995)、国家质量技术监督局与建设部联合发布的《风景名胜区规划规范》(GB50298—1999)(1999)、建设部发布的《国家重点风景名胜区总体规划编制报批管理规定》(2003)。

2. 《风景名胜区条例》的基本内容

《风景名胜区条例》分为七章，共52条。

第一章"总则"，主要阐明了立法的目的和本法的适用范围；规定了国家对风景名胜区实行的基本方针；明确了风景名胜区的主管部门和管理机构及其职责。

第二章"设立"，明确了风景名胜区的设立原则、审批程序和分级；严格界定了风景名胜区与自然保护区的关系；对风景名胜区内有关财产的所有权人、使用权人的合法权益予以法律保护。

第三章"规划"，明确了风景名胜区规划的种类和内容；规定了风景名胜区规划的编制主体、审批机关、权限及其程序；确立了风景名胜区规划的地位，强化了规划的权威性，并明确了修改程序。

第四章"保护"，要求对风景名胜区内的景观和自然环境实行严格保护，不得破坏或者随意改变；明确了在风景名胜区内的禁止性活动；确立了风景名胜区内建设活动的审批制度；规定了在风景名胜区内进行各项建设，应当符合风景名胜区规划，并与景观相协调，不得建设破坏景观、污染环境、妨碍游览的设施。

第五章"利用和管理"，确立了设立风景名胜区管理机构的主体及管理机构的职责；规范了风景名胜区管理机构的管理行为；明确了风景名胜区门票的出售单位及门票价格确定的原则；规定了风景名胜区内交通、服务等项目的经营企业，应当缴纳风景名胜资源有偿使用费，并明确了门票收入和资源有偿使用费的用途。

第六章"法律责任"，阐明了违反本法规定的各类行为以及应承担的法律责任；并对有关单位和当事人员的处罚作了详细规定。

第七章"附则"，规定了本条例自 2006 年 12 月 1 日起施行。1985 年 6 月 7 日国务院发布的《风景名胜区管理暂行条例》同时废止。

3.1.3 风景名胜区的管理体制

1. 风景名胜区的统一管理

对风景名胜区这一法定区域实行统一管理，是由风景名胜资源的特点所决定的。风景名胜资源是土地、森林、水体、动植物、文物等各种资源的有机结合体，不可分割。这种综合资源的价值不仅大大高于单项资源的价值，也高于各项资源价值的简单叠加。只有实行统一管理，才能科学、合理地配置各类资源，充分发挥资源的综合性功能，避免造成资源破坏。所以，规定"风景名胜区所在地县级以上地方人民政府设置的风景名胜区管理机构，负责风景名胜区的保护、利用和统一管理工作"。

另外，风景名胜区的管理工作涉及到相关行业部门，包括旅游、宗教文物、林业、土地、环保、交通、卫生、水利等部门。风景名胜区各项事业相互依存，各有关部门应结合履行自己的职责相互配合协调，形成一股合力，有效地保护和利用各种资源，促进各项事业共同繁荣和发展。

2. 风景名胜区的管理机构

《风景名胜区条例》第 5 条规定，"国务院建设主管部门负责全国风景名胜区的监督管理工作。国务院其他有关部门按照国务院规定的职责分工，负责风景名胜区的有关监督管理工作。省、自治区人民政府建设主管部门和直辖市人民政府风景名胜区主管部门，负责本行政区域内风景名胜区的监督管理工作。省、自治区、直辖市人民政府其他有关部门按照规定的职责分工，负责风景名胜区的有关监督管理工作"。

3.2 风景名胜区的规划

3.2.1 风景名胜区规划的原则

1. 风景名胜区规划的含义

《风景名胜区规划规范》指出，"风景名胜区规划也称风景区规划，是保护培育、开发利用和经营管理风景名胜区，并发挥其多种功能作用的统筹部署和具体安排。经相应的人民政府审查批准后的风景名胜区规划，具有法律权威，必须严格执行"。

2. 风景名胜区规划的原则

风景名胜区规划必须符合我国国情，因地制宜地突出本风景名胜区的特征，并应

遵循下列原则:

（1）应当依据资源特征、环境条件、历史情况、现状特点以及国民经济和社会发展趋势，统筹兼顾，综合安排。

（2）应严格保护自然与文化遗产，保护原有景观特征和地方特色，维护生物多样性和生态的良性循环，防止污染和其他公害，充实科教审美特征，加强地被和植物景观的培育。

（3）应充分发挥景源的综合潜力，展现风景游览的欣赏主体，配置必要的服务设施与措施，改善风景名胜区运营管理机能，防止人工化、城市化、商业化倾向，促使风景名胜区有度、有序、有节律地持续发展。

（4）应合理权衡风景环境、社会、经济三个方面的综合效益，权衡风景名胜区自身健全发展与社会需求之间的关系，创造风景优美、设施方便、社会文明、生态环境良好、景观形象和游赏魅力独特，人与自然协调发展的风景游憩境域。

3.2.2　风景名胜区规划的编制

1. 风景名胜区规划编制的内容

风景名胜区规划是关于切实保护、合理开发和科学管理风景名胜资源的综合布置，经过批准的规划是风景名胜区保护、建设和管理工作的依据。风景名胜区规划包括总体规划和详细规划两部分。

风景名胜区总体规划的任务是根据风景名胜区规划纲要，综合研究和确定风景名胜区的性质、范围、规模、容量、功能结构、风景资源保护措施，优化风景名胜区用地布局，合理配置各项基础设施，引导风景名胜区健康、持续发展。《风景名胜区条例》第13、14条规定，"风景名胜区总体规划的编制，应当体现人与自然和谐相处、区域协调发展和经济社会全面进步的要求，坚持保护优先、开发服从保护的原则，突出风景名胜资源的自然特性、文化内涵和地方特色。风景名胜区应当自设立之日起2年内编制完成总体规划，总体规划的规划期一般为20年"。

（1）风景名胜区总体规划包括下列内容:

1）风景资源评价。包括景源调查、景源筛选与分类、景源评分与分级、评价结论四部分。

2）生态资源保护措施、重大建设项目布局、开发利用强度。

3）风景名胜区的功能结构和空间布局。根据功能分区，确定土地利用规划，进行风景游赏组织。

4）禁止开发和限制开发的范围。我国在"十一五"规划中明确提出了优化开发、重点开发、限制开发和禁止开发的概念。生态脆弱和自然保护区域分别只是限制开发和禁止开发。

5）风景名胜区的游客容量。风景区游人容量应随规划期限的不同而有变化，对一定规划范围的游人容量，应综合分析并满足该地区的生态允许标准、游览心理标准、功能技术标准等因素而确定。

6）有关专项规划。包括保护培育规划、风景游赏规划、典型景观规划、游览设施规划、基础工程规划、居民社会调控规划、经济发展引导规划、土地利用协调规划、分期发展规划。

风景名胜区详细规划的任务是以总体规划为依据，规定风景名胜区用地的各项控制指标和规划管理要求，或直接对建设项目作出具体的安排和规划设计。在风景名胜区内，应根据景区开发的需要，编制控制性详细规划，作为景区建设和管理的依据。

（2）风景名胜区详细规划包括下列内容：

1）详细确定景区内各类用地的范围界线，明确用地性质和发展方向，提出保护和控制管理要求以及开发利用强度指标等，制定土地使用和资源保护管理规定的细则。

2）对景区内的人工建设项目，包括景点建筑、服务建筑、管理建筑等，明确位置、体量、色彩、风格。

3）确定各级道路的位置、断面、控制点坐标和标高。

4）根据规划容量，确定工程管线的走向、管径和工程设施的用地界线。

风景名胜区的修建性详细规划主要是针对明确的建设项目而言，主要内容包括：建设条件分析和综合技术经济论证、建筑和绿地的空间布局、景观规划设计、道路系统规划设计、工程管线规划设计、竖向规划设计、估算工程量和总造价、分析投资效益。

2. 风景名胜区规划编制的程序

（1）国家级风景名胜区规划由省、自治区人民政府建设主管部门或者直辖市人民政府风景名胜区主管部门组织编制。省级风景名胜区规划由县级人民政府组织编制。

（2）编制风景名胜区规划，应当采用招标等公平竞争的方式选择具有相应资质等级的单位承担。

（3）编制风景名胜区规划，应当广泛征求有关部门、公众和专家的意见；必要时，应当进行听证。

3. 风景名胜区规划的审批机关

（1）国家级风景名胜区的总体规划，由省、自治区、直辖市人民政府审查后，报国务院审批。国家级风景名胜区的详细规划，由省、自治区人民政府建设主管部门或者直辖市人民政府风景名胜区主管部门报国务院建设主管部门审批。

（2）省级风景名胜区的总体规划，由省、自治区、直辖市人民政府审批，报国务院建设主管部门备案。省级风景名胜区的详细规划，由省、自治区人民政府建设主管部门或者直辖市人民政府风景名胜区主管部门审批。

4. 风景名胜区规划的修改

《风景名胜区条例》第 22 条规定，"经批准的风景名胜区规划不得擅自修改。确需对风景名胜区总体规划中的风景名胜区范围、性质、保护目标、生态资源保护措施、重大建设项目布局、开发利用强度以及风景名胜区的功能结构、空间布局、游客容量进行修改的，应当报原审批机关批准；对其他内容进行修改的，应当报原审批机关备案。风景名胜区详细规划确需修改的，应当报原审批机关批准。政府或者政府部门修改风景名胜区规划对公民、法人或者其他组织造成财产损失的，应当依法给予补偿"。

3.3　风景名胜区的保护

3.3.1　风景名胜区保护的原则

1. 整体保护原则

风景名胜区是自然与历史文化相融合的有机整体，是一个地域概念。保护不仅仅是保护区域内的几个点或是几条线。保护，首先应该是整体观念上的保护，是区域的保护。

2. 自然保护原则

保护风景名胜区应尽可能采取自然的方法，在修复遭受破坏的风景名胜时，也应尽量恢复其原貌。要保护风景名胜区的典型性、代表性的自然景观，保护其特有的空间尺度感和自然美的感染力，保护好自然景观的"天生丽质"。

3. 维护自然生态原则

要保护山岳、水流、植物不受破坏，水体、空气等环境不受污染。大力提倡植树绿化，封山育林，防止水土流失，保护好古树名木。

4. 尊重历史文化原则

保护有历史文化价值的史迹、古建筑、摩崖、石刻、名人故居等名胜古迹，要保护好历史文化的氛围。对历史文化遗迹的修复要慎重，原则是应修旧如旧。

3.3.2　风景名胜区保护的措施

（1）建立健全规章制度，落实保护责任。要确定风景名胜区的范围，树立醒目的界桩和标志，建立风景名胜区资源档案，进行分级、分类保护。

（2）保护风景名胜区的土地资源。风景名胜区内的土地不得出售，不得经营房地产开发。除了经批准规划确定的公共设施、旅游设施及民居外，不准侵占土地，建造与风景名胜无关的建筑物或构筑物，现有占据风景点的单位要限期搬迁，严重有碍观瞻的建筑物、构筑物应予拆除。

（3）严格保护风景名胜区的地貌，禁止开山采石，挖沙取土等经营活动。

（4）保护风景名胜区的水体，制止可能导致水体污染的活动。对河流、湖泊等应及时进行清理和疏浚，不得随意围、填、堵、塞或作其他改变，保护风景名胜区内的水源地。

（5）风景名胜区内的林木属特殊用途林，不得砍伐。必要的疏伐、更新以及确需砍伐的林木需报有关机构批准。

（6）风景名胜区内的古树名木要严格保护，严禁砍伐、移植，并且要进行调查、鉴定、登记造册，建立档案。要落实古树名木的保护原状措施，保护古树名木的生息环境。

（7）要保护好动物的栖息环境，严禁伤害和滥捕野生动物。

（8）对古建筑、古园林、石刻等文物古迹、革命遗址和其他人文景物及其所处的环境要严格保护，定期维护，落实防火、避雷、防洪、防震、防蛀等措施。

3.3.3 风景名胜区的分区与保护规定

风景保护的分类应包括生态保护区、自然景观保护区、史迹保护区、风景恢复区、风景游览区和发展控制区等。在规划时应符合以下规定：

1. 生态保护区的划分与保护规定

对风景区内有科学研究价值或其他保存价值的生物种群及其环境，应划出一定的范围与空间作为生态保护区；在生态保护区内，可以配置必要的研究和安全防护性设施，应禁止游人进入，不得搞任何建筑设施，严禁机动交通及其设施进入。

2. 自然景观保护区的划分与保护规定

对需要严格限制开发行为的特殊天然景源和景观，应划出一定的范围与空间作为自然景观保护区；在自然景观保护区内，可以配置必要的步行游览和安全防护设施，宜控制游人进入，不得安排与其无关的人为设施，严禁机动交通及其设施进入。

3. 史迹保护区的划分与保护规定

在风景区内各级文物和有价值的历代史迹遗址的周围，应划出一定的范围与空间作为史迹保护区；在史迹保护区内，可以安置必要的步行游览和安全防护设施，宜控制游人进入，不得安排游客住宿床位，严禁增设与其无关的人为设施，严禁机动交通及其设施进入，严禁任何不利于保护的因素进入。

4. 风景恢复区的划分与保护规定

对风景区内需要重点恢复、培育、抚育、涵养、保持的对象与地区，例如森林与植被、水源与水土、浅海及水域生物、珍稀濒危生物、岩溶发育条件等，宜划出一定的范围与空间作为风景恢复区；在风景恢复区内，可以采用必要技术措施与设施，应分别限制游人和居民活动，不得安排与其无关的项目与设施。严禁对其不利的活动。

5. 风景游览区的划分与保护规定

对风景区的景物、景点、景群、景区等各级风景结构单元和风景游赏对象的集中

地，可以划出一定的范围与空间作为风景游览区；在风景游览区内，可以进行适度的资源利用行为，适宜安排各种游览欣赏项目，应分级限制机动交通及旅游设施的配置。并分级限制居民活动进入。

6. 发展控制区的划分与保护规定

在风景区范围内，对上述五类保护区以外的用地与水面及其他各项用地，均应划为发展控制区；在发展控制区内，可以准许原有的土地利用方式与形态，可以安排同风景区性质与容量相一致的各项旅游设施及基地，可以安排有序的生产、经营管理等设施，应分别控制各项设施的规模与内容。

3.3.4 风景名胜区的分级与保护规定

风景区保护的分级应包括特级保护区、一级保护区、二级保护区和三级保护区四级内容，并应符合以下规定：

1. 特级保护区的划分与保护规定

风景区内的自然保护核心区以及其他不应进入游人的区域应划为特级保护区；特级保护区应以自然地形地物为分界线，其外围应有较好的缓冲条件，在区内不得搞任何建筑设施。

2. 一级保护区的划分与保护规定

在一级景点和景物周围应划出一定范围与空间作为一级保护区，宜以一级景点的视域范围作为主要划分依据；一级保护区内可以安置必需的步行游赏道路和相关设施，严禁建设与风景无关的设施，不得安排游客住宿床位，机动交通工具不得进入该区。

3. 二级保护区的划分与保护规定

在景区范围内，以及景区范围之外的非一般景点和景物周围应划分为二级保护区；二级保护区内可以安排少量游客的住宿设施，但必须限制与风景游赏无关的建设，应限制机动交通工具进入该区。

4. 三级保护区的划分与保护规定

在风景区范围内，对以上各级保护区之外的地区应划为三级保护区；在三级保护区内，应有序控制各项建设与设施，并应与风景环境相协调。

3.4 风景名胜区的建设

3.4.1 风景名胜区建设的原则

1. 风景名胜区建设的含义

风景名胜区的建设与一般意义的开发建设不同，它是服从于风景资源保护这一首

要任务的。风景名胜区的建设所追求的首先是社会效益和环境效益,同时又要考虑经济效益。因此,风景名胜区建设有其特定的含义:

(1)是对处于原始状态的景物及周围环境的清理整治,包括对古建筑、古迹文物的修复和绿化工程设施的建设等。

(2)是对风景名胜区内的道路、交通、供水、供电、排水、排污、环境卫生等基础设施的建设。

(3)是对风景名胜区内旅馆、索道、停车场、商店等旅游设施和生活设施的建设。

2. 风景名胜区建设的原则

(1)以保护为主的原则。风景名胜区的建设是我国风景名胜区历史的延续,是对自然景观和人文景观的必要的保护和利用。

(2)遵循规划原则。风景名胜区规划是切实地保护、合理地开发建设和科学地管理风景名胜区的综合部署。经批准的规划就是风景名胜区开发建设的依据,所有开发建设都必须遵循总体规划和详细规划。

(3)风格协调和谐的原则。风景名胜区的建设应充分认识到现有的自然景观和历史文化遗产是主体,是根本性的,人造的物质形象只能是从属于主体,服务于风景环境的需要。因此,风景名胜区的建设应力求风格协调和谐,防止和制止损害景区、景点审美价值的"破坏性"建设。

3.4.2 风景名胜区建设的管理

1. 可行性论证

风景名胜区,凡是重要的建设项目,如大型水库、公路、火车站、缆车索道、旅馆等,都要经过专家论证,然后才进行决策。其建设可行性研究报告或设计任务书,在报请计划主管部门审批之前,必须经同级建设行政主管部门审查同意。

2. 建设用地管理

风景名胜区的土地所有权属于国家所有。风景名胜区的土地和设施实行有偿使用制度。在风景名胜区规划范围内进行建设需要申请用地的,必须持有批准建设项目的有关文件,向风景名胜区管理机构申请定点,由其核发《风景名胜区建设用地许可证》。然后,由建设单位持许可证向县级以上人民政府土地管理部门申请用地,经县级以上人民政府审查批准后,由土地管理部门划拨土地。建设单位,只享有土地使用权。

3. 严格控制建设项目

(1)禁止建设的项目。在风景名胜区及其外围保护地带内,不得建设工矿企业、铁路、站场、仓库、医院等同风景和浏览无关或破坏景观、污染环境、妨碍游览的单位和设施。在游人集中的游览区和自然环境保留地内,不得建设旅馆、招待所、休疗

养机构、管理机构、生活区以及大型工程等设施。

（2）从严控制的项目。根据《风景名胜区建设管理规定》，下列建设应从严控制，严格审查：公路、索道与缆车；大型文化、体育与游乐设施；旅馆建筑；设置中国国家风景名胜区徽志的标志建筑；由上级建设行政主管部门认定的其他重大建设项目。

4. 建设项目的审批程序

（1）项目选址审批。对由《风景名胜区建设管理规定》从严控制的建设项目选址，实行分级审批。属于国家级风景名胜区的，由省级建设主管部门审查后报国务院建设行政主管部门或其授权部门审批，属于省级和县（市）级风景名胜区的，报省级建设行政主管部门或其授权部门审批。在各级风景名胜区进行的其他建设项目选址，由省级建设行政主管部门或其授权部门审批。

各级审查机关在收到《建设选址审批书》后，要依据国家有关规定和各风景名胜区规划，严格审查，一个月内批复。

（2）项目立项审批。经审批批准的项目，由建设单位持经批准的《建设选址审批书》，按国家规定报有关部门办理立项等有关手续。已立项的建设项目可行性研究报告、初步设计和设计任务书，在报请计划部门审批之前，必须经同级建设行政主管部门审查同意。

5. 设计施工管理

（1）资质管理。凡承担风景名胜区建设项目设计任务的设计单位。应向风景名胜区管理机构的上级主管部门提交设计资质证书，经确认后方可进行设计。凡承担风景名胜区建设项目施工任务的施工单位，应向当地风景名胜区管理机构提交施工资质证书，经确认后方可进行施工。

（2）施工环境管理。在风景名胜区及其外围保护地带内各类建设项目在施工过程中，必须采取有效措施保护景物及周围的林木、植被、水体、地貌，不得造成污染和破坏。施工结束后，施工单位必须及时清理场地，进行绿化，恢复环境原貌。

3.5　风景名胜区的利用和管理

3.5.1　风景名胜区利用和管理的原则

1. 保护优先原则

风景名胜区是自然和历史留给我们的宝贵而不可再生的遗产，风景名胜区的价值首先是其"存在价值"，只有在确保风景名胜资源的真实性和完整性不被破坏的基础上，才能实现风景名胜区的多种功能。因此，保护优先是风景名胜区工作的基本出发点。

2. 综合协调原则

风景名胜区管理的基本目标是在资源充分有效保护前提下的合理利用。虽然保护是风景名胜区工作的核心，但是并不意味着要将保护与利用割裂开来。我国风景名胜区的特殊性之一就是风景区内包涵有许多社会经济问题，是一个复杂的"自然——社会复合生态系统"，所以只有将各种发展需求统筹考虑，依据资源的重要性、敏感性和适宜性，综合安排，协调发展，才能从根本上解决保护与利用的矛盾，达到资源永续利用的目的。

3. 环境承载力原则

承载力原则意味着任何资源的使用都是有极限的，风景名胜资源的利用也不例外。当使用强度超过某一阈值或临界值时，资源环境将失去其持续利用的可能。风景名胜区开发利用必须要在其允许的环境承载力（或称环境容量）之内，这是风景名胜区可持续发展的关键。

4. 分区管理原则

根据风景资源的价值与分布，划分功能分区，严格实行"山上游，山下住"、"区内游，区外住"、"区内景，区外商"、"区内名，区外利"的管理原则，在保证风景资源不被破坏的前提下，促进地方经济的发展。

3.5.2 风景名胜区的各项管理工作

1. 树木保护管理

（1）建立健全植树绿化等规章制度。风景名胜区是供广大群众休憩、观赏、游览的地方，必须保持树木葱郁、花草繁茂、环境优美、空气清新。因此，风景名胜区要建立健全植树绿化、封山育林、护林防火和防治病虫害的规章制度，落实各项管理责任制，按照规划要求进行抚育管理。

（2）严格管理风景名胜区的林木。风景名胜区的林木均属特种用途林，不得砍伐。必要疏伐、更新以及确需砍伐的林木，必须经风景名胜区管理机构同意，报经地方主管部门批准后，始得进行。教学和科研单位，需要在风景名胜区范围内采集野生植物标本和野生药材的，须经风景名胜区管理机构批准，并按照限定的品种数量、指定的范围进行。

（3）加强对风景名胜区建设项目的管理。在规划设计和施工过程中，要严格保护古树名木，施工结束后，必须及时清理场地，进行绿化，恢复环境原貌。

2. 环境卫生管理

为了加强风景名胜区环境卫生管理工作，创造良好的游览环境，促进风景名胜区事业的发展，根据建设部制定的《风景名胜区环境卫生管理标准》，风景名胜区管理机构要妥善处理生活污水、垃圾，不断改善环境卫生。加强监督和检查，严禁随意排泄或倾倒。要按照国家规定，加强对饮食和服务业的卫生管理，对于不符合规定的要

及时处理。

3. 游览安全管理

（1）风景名胜区的治安管理。风景名胜区的治安管理机构，要设置专门的治安部门或专职人员，配备必要的装备，加强治安巡逻和检查。对寻衅闹事、扰乱秩序和进行违法犯罪活动的不法分子，要严厉打击，确保国家财产和游人安全。

（2）对交通设施和活动器械的管理。对船、车、缆车、索道、码头等交通设施、游览活动器械、险要道路、繁忙道口及危险地段要定期检查，落实责任制度，加强管理和维护，及时排除危岩险石和其他不安全因素。在危险地段及水域或猛兽出没、有害生物生长地区要设置安全标志，写出防范说明，在没有安全保障的区域，不得开展游览活动。

（3）有计划有组织地开展游览活动。风景名胜区要有计划地组织游览活动。在风景名胜区内举办大型群众性活动，要报请当地市、县公安机关审批，按照"谁主管，谁负责"的原则，精心组织，周密部署。严格控制参加活动的人数，严禁超员售票。因超容量引起的人身安全和景物破坏事故，要追究有关领导和管理者的责任。对于违反安全规定或因组织管理不善造成重大伤亡事故的直接责任者，要依法严肃处理，同时要追究单位主管领导行政、法律责任。

4. 开发经营管理

随着改革开放的不断深入，风景名胜区传统管理体制和经营模式发生了很大的变化，投资多元化（独资、外资、合资、贷款、债券等多种方式投资），经营多样化（委托经营、承包经营、合作经营、上市经营等多种形式经营），管理复杂化（地域交叉、职能交叉）的趋势愈加明显。因此，风景名胜区开发经营应坚持"国家所有、政府授权、特许经营、社会监督"的原则。

除了加强以上保护管理以外，风景名胜区范围内的土地及其他自然资源、人文资源属于国家所有，任何单位和个人不得侵占或破坏；要加强对水体的保护和管理；切实维护好动物的栖息环境；禁止开山采石、挖河取土等经营活动；注意保持原有自然和历史风貌，定期维护人文景物及所处环境。

3.6　违反风景名胜区法的法律责任

违反风景名胜区管理法的法律责任，是指由于违反风景名胜区管理法而应承担的法律后果。具体规定如下：

（1）擅自改变规划及其用地性质，侵占风景名胜区土地进行违章建设的，由风景名胜区管理机构责令其限期退出所占土地，拆除违章建筑，恢复原状，并处以每平方米 30 元以下的罚款；不能恢复原状的，经上级建设行政主管部门批准，可处以每平方米 100～200 元的罚款。

（2）对于破坏植被、砍伐林木、毁坏古树名木、滥挖野生植物、捕杀野生动物、破坏生态，导致特有景观损坏或者失去原有科学、观赏价值的，由风景名胜区管理机构责令其停止破坏活动，没收非法所得，限期恢复原状；不能恢复原状的，责令赔偿经济损失，并可处以1000元以上3万元以下的罚款。对于砍伐或者毁坏古树名木致死，捕杀、挖采国家保护珍贵动植物的，经上级建设行政主管部门批准可处以3万元以上的罚款。

（3）有下列行为之一的，由风景名胜区管理机构给予警告，通报批评，责令停止违法行为，并可处以5000元以上5万元以下的罚款：

其一，设计、施工单位无证或者超越规定的资质等级范围，在风景名胜区承担规划、设计、施工任务的。

其二，对风景名胜区各项设施维护管理或者对各项活动组织管理不当，造成经济损失或者伤亡事故的。

其三，在风景名胜区内从事违反国家法律法规所规定的不健康、不文明活动的。

罚款超过5万元的应当报经上级建设行政主管部门批准。情节严重的，由颁发证件的建设行政主管部门吊销其有关证件。

（4）污染或者破坏自然环境，妨碍景观的，由风景名胜区管理机构责令其停止污染或者破坏活动，限期恢复原状，并可处以300元以上5000元以下的罚款；不能恢复原状的，处以5000元以上5万元以下的罚款。罚款超过5万元的应当报经上级建设行政主管部门批准。

（5）毁损非生物自然景物、文物古迹的，由风景名胜区管理机构责令其停止毁损活动，限期恢复原状，赔偿经济损失，并可处以1000元以上2万元以下的罚款。

（6）破坏游览秩序和安全制度，乱设摊点、阻碍交通，破坏公共设施、不听劝阻的，由风景名胜区管理机构给予警告，责令其赔偿经济损失，并可处以100元以上5000元以下的罚款。

（7）风景名胜区管理机构违反风景名胜区规划进行违章建设、毁损景物和林木植被、捕杀野生动物或者污染、破坏环境的，由上级建设行政主管部门给予处罚。对风景名胜区的破坏后果严重，致使其有不符合原定风景名胜区级别的，由县级以上建设行政主管部门报请原审定该风景名胜区级别的地方人民政府或者国务院批准，给予降低级别或者撤销风景名胜区命名的处罚。

（8）风景名胜区管理机构及有关行政主管部门负责人及其工作人员玩忽职守、徇私舞弊、滥用职权的，由其所在部门或者上级主管部门给予行政处分。

（9）对违反风景名胜区管理处罚规定，同时又违反国家有关森林、环境保护和文物保护等法规的，由风景名胜区管理机构会同有关部门，参照相关法规合并处罚。

（10）违反风景名胜区管理法有关规定构成犯罪的，依法追究刑事责任。

3.7　案例分析

案例一

2006 年 4 月 13 日，中央电视台《经济半小时》以《留得青山在》为题，报道了河南省嵩山风景名胜区开山炸石、乱搭乱建、违章建筑等问题，建设部在对此事调查的基础上向国务院作报告的同时，通报了全国。

嵩山风景名胜区是国务院公布的国家重点风景名胜区。经建设部调查发现，嵩山开山炸石、乱搭乱建、圈占土地等问题非常严重，对嵩山局部山体已经造成不可逆转的严重破坏，违反了国务院颁布的《风景名胜区管理暂行条例》、《国务院办公厅关于加强和改进城乡规划工作的通知》（国办发正〔2000〕25 号）、《国务院关于加强城乡规划监督管理的通知》（国发〔2002〕13 号）及有关规定。为切实加强风景名胜资源保护工作，制止开山采石等违法行为，河南省人民政府根据建设部的建议和要求作出了全部拆除违章建筑、取缔采石场、外迁石材加工点的决定，并将追究有关部门和责任人的法律与行政责任。

案例二

北武当山风景名胜区是国务院 1994 年审定公布的第三批国家重点风景名胜区。2002 年 10 月，山西省方山县人民政府通过签订合同的方式，将北武当山风景名胜区管理权、经营开发权、建设权、使用权、收益权等权力一次性整体出让给北京某贸易有限公司，出让期限为 50 年，出让范围为 80km²，其中包括 2 个村庄、1 个林场和 1 个宗教寺庙。

调查表明，2003 年由该北京公司注册成立的山西北武当山旅游开发有限公司在风景名胜区边缘地带兴建了建筑面积为 1.1 万 m² 的真武山庄宾馆，并在风景名胜区入口处施工建设道教广场。同时，旅游公司在未履行任何审批手续的情况下，与当地村委会签订了长达 50 年的土地租赁合同，将 115 亩水地、35 亩旱平地、29 亩河滩地，变为经营建设用地。由于事件严重违反了《国务院办公厅关于加强和改进城乡规划工作的通知》（国办发〔2000〕25 号）关于"各地区、各部门不得以任何名义和方式出让或变相出让风景名胜区资源及其景区土地"的规定和《国务院关于加强城乡规划监督管理的通知》（国发〔2002〕13 号）中的有关规定。目前，山西省人民政府正在对相关责任人和单位进行调查处理。温家宝总理和曾培炎副总理分别作出重要批示，明确指出"这是一起违反国家关于风景名胜区有关规定的案件，也是一起当前土地违法违规中'以租代征'的典型案件"。

案例三

2006 年 5 月，云南省建设厅对《无极》剧组在云南三江并流国家级风景名胜区千湖山碧古天池景区破坏资源的违规行为进行依法查处。云南省建设厅和当地人民政府依据地方法规对《无极》剧组法人单位的破坏行为作出了 9 万元罚款的决定，对负有责任的香格里拉县人民政府分管副县长作出了免去副县长职务的处理。

调查表明，2004 年 6 月导演陈凯歌率《无极》剧组进驻云南香格里拉。为拍摄《无极》，摄制组在碧沽天池修建了长约 100 米、宽约 4 米的砂石路面和长约 20 米的铺有木条的道路，搭建了"海棠精舍"临时建筑物。"海棠精舍"及砂石道路等破坏了碧沽天池周围部分高山草甸和高山灌丛植被，对碧沽天池周围的自然生态环境造成了一定的影响，但影响程度较轻。

云南省建设厅上报给建设部的《关于无极剧组影视拍摄破坏香格里拉生态环境处理意见的报告》中称，对于《无极》剧组未履行相关的法定手续，在三江并流国家重点风景名胜区千湖山碧沽天池景区投资施工的行为给予通报批评。已责成当地有关部门，将《无极》剧组修建的简易栈道和搭建的拍摄道具台全部拆除，恢复自然生态环境。目前，原修建的地表构筑物已经撤除，固体废弃物已清除，对面积约 16km² 的碧沽天池自然景观已无影响。修筑道路已覆土处理，可实现植物群落的自然恢复。

对迪庆藏族自治州、香格里拉县以协议代替行政审批的相关协拍单位责任人责令写出书面检查，并通报批评。对迪庆藏族自治州、香格里拉县建设局作为风景名胜区主管部门，在此事件中监管不力，负有不可推卸的责任，应认真检查，吸取教训，落实建设部《关于严格限制在风景名胜区内进行影视拍摄等活动的通知》的要求，制定有效措施，加强对风景名胜资源的保护和管理工作。

此外，《大旗英雄传》剧组随意喷涂浙江丽水明代摩崖石刻，《神雕侠侣》剧组破坏九寨沟森林公园神仙池钙化堤、珍珠滩植被，《惊情神农架》摄制组在神农架拍摄期间破坏当地生态环境。针对一些风景名胜区相继发生因影视拍摄等活动，造成植被、水体等风景名胜资源受到严重破坏的现象，建设部 2006 年 5 月 12 日紧急发布了《关于严格限制在风景名胜区内进行影视拍摄等活动的通知》。接着，针对影视拍摄和大型实景演艺活动导致自然保护区等屡遭破坏的情况，国家环保总局、建设部、文化部、国家文物局于 2007 年 2 月联合发布了《关于加强涉及自然保护区、风景名胜区、文物保护单位等环境敏感区影视拍摄和大型实景演艺活动管理的通知》，要求各相关部门加强监管，在自然保护区核心区和缓冲区、风景名胜区核心景区，禁止进行影视拍摄和大型实景演艺活动。2006 年实施的《风景名胜区条例》，对此类违法行为最高罚款额度提高到 100 万元，有关责任人要受到刑事处分，这是新《风景名胜区条例》与《风景名胜区暂行条例》的一个重要差距，经济处罚提高了十倍以上，行政责任和刑事责任的追究处罚也更为严厉。

思考练习

1. 什么是风景名胜区？

2. 我国的风景名胜区是如何分级的？分别由哪个部门报批？

3. 风景名胜区规划的原则是什么？

4. 风景名胜区在分区和分级上有哪些保护性规定？

5. 风景名胜区的建设有何自身的特点？

6. 风景名胜区利用和管理的原则是什么？

7. 如何正确处理风景名胜区的资源保护与旅游开发活动的关系？

8. 违反风景名胜区法规的责任是如何规定的？

第4章 工程建设法规

[教学要求] ● 掌握立法概况以及《建筑法》的基本内容。
　　　　　　● 了解建设工程招标与投标的相关规定。
　　　　　　● 了解建筑工程施工与监理的相关规定。
　　　　　　● 了解中外合作设计工程项目的有关规定。

[知识要点] ● 工程建设的程序（五个阶段）。
　　　　　　● 建设工程的招标、投标、开标、评标和中标。
　　　　　　● 发包与承包方面、施工与监理方面、安全生产与质量管理方面的违法行为和法律责任。

4.1 概述

4.1.1 工程建设的概念和程序

1. 工程建设的概念

工程建设是指土木建筑工程、线路管道和设备安装工程、建筑装修装饰工程等项目的新建、扩建和改建，是形成国家资产的基本生产过程及与之相关联的其他建设工作的总称。

土木建筑工程，包括矿山、铁路、公路、道路、隧道、桥梁、堤坝、电站、码头、飞机场、运动场、房屋（如厂房、剧院、旅馆、商店、学校和住宅）等工程。

线路管道和设备安装工程，包括电力、通信线路、石油、燃气、给水、排水、供热等管道系统和各类机械设备、装置的安装工程。

其他工程建设工作，包括建设单位及其主管部门的投资决策活动以及征用土地、工程勘察设计、工程监理等。这些工作是工程建设必不可少的内容。

2. 工程建设的程序

工程建设程序指工程建设各个阶段及环节相互衔接的顺序，它是工程建设全过程中各项工作都必须遵守的先后次序。工程建设的特点为社会化生产，产品体积庞大，建筑场所固定，建设周期长，占用资源多。上述特点决定了工程建设必然存在着一个分阶段，按步骤各项工作按序进行的客观规律，如人为将工程建设的顺序颠倒，就会造成严重的资源浪费和经济损失。

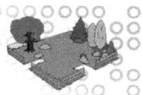

工程建设程序分五个阶段，每个阶段又各包含若干环节。

（1）工程建设前期阶段。决策分析阶段是对工程项目投资的合理性进行考察和对工程项目进行选择决定其投资效益。其内容包括：

1）投资意向：合理的投资机会，产生投资意愿，工程建设的起点，必备条件。

2）投资机会分析：初步考察和分析，决定是否作进一步的行动。

3）项目建议书：将投资机会分析形成书面文件，便于分析、抉择，主管部门和计委审批后进行下一步工作。

4）可行性研究：技术上是否可行，经济上是否合理，提出该项目建设是否可行的结论性意见，经有资格的咨询机构评估确认后进行下一步。

5）审批立项：报主管部门审查，予以立项。

（2）工程建设准备阶段。该阶段是为勘察、设计、施工创造条件所做的建设现场、建设队伍、建设设备等方面的准备工作。具体内容包括：

1）规划：在规划区内建设的工程，必须符合城市规划或村庄、集镇规划的要求，其工程选址和布局，必须取得城市规划行政主管部门或村、镇规划部门的同意、批准。在城市规划区内进行工程建设的要依法先后领取：城市规划行政主管部门核发的"选址意见书"、"建设用地规划许可证"、"建设工程规划许可证"，方可进行获取土地使用权、设计、施工等的相关建设活动。

2）获取土地使用权：工程建设用地都必须通过国家对土地使用权的出让或划拨而取得。出让的要向国家支付出让金。划拨的不支付出让金，但在城市的要承担拆迁费用，在农村和郊区的要承担补偿和安置费。在农民集体所有的土地上进行工程建设的，也必须先由国家征用农民土地，然后再将土地使用权出让或划拨给建设单位或个人。

3）拆迁：要获得房屋拆迁主管部门批准并取得房屋拆迁许可证后，方可拆迁。拆迁人与被拆迁人应签订书面协议，被拆迁人必须服从城市建设的需要，在规定的期限内完成搬迁，拆迁人对被拆迁人依法给予补偿和安置，对违章建筑及超过批准期限的临时建筑的被拆迁人和使用人，则不予补偿和安置。

4）报建：建设项目的可行性研究报告经审批通过立项后，持工程项目立项批准文件、银行出具的资信证明、建设用地批准文件等资料向当地建设行政主管部门或其授权机构进行报建。未报建的工程不得办理招投标手续和发放施工许可证，设计、施工单位不得承接该项目的设计、施工任务。

5）工程发包与承包：工程发包与承包有招标投标和直接发包两种方式，国家提倡招投标方式，并对许多工程强制进行招投标。

（3）工程建设实施阶段。工程勘察设计是工程项目建设的重要环节，设计文件是制定建设计划、组织工程施工和控制建设投资的依据。设计与勘察是密不可分的，设计工作必须在进行工程勘察，取得足够的地质、水文等基础资料后才能进行。施工准备部分包括了施工单位熟悉、审查图纸，向下属单位进行计划、技术、质量、安全、经济责任的交底，下达施工任务书，准备工程施工所需的设备、材料等。建设单位向工程所在地县级以上建设主管部门申领施工许可证，未取得施工许可证不得擅自组织开工。已取得施工许可证的，自批准之日起3个月内组织开工，如不能开工可向发证机关申请延期，延期以两次为限，每次不超过3个月否则施工许可证作废。工程施工是将工程设计物转化为建筑产品的过程。生产准备工程施工临近结束时，为保证建设项目及时投产使用所进行的准备活动。如，招收和培训必要的生产人员等。

（4）工程竣工验收与保修阶段。

1）工程竣工验收　竣工验收是全面考核建设成果、检验设计与施工质量、保证竣工工程顺利投入生产或交付使用的一个法定手续。工程项目按设计文件规定的内容和标准全部建成，并按规定将工程内外全部清理完毕后称为竣工。对于竣工工程，由有关各方按照设计与建筑安装工程施工及验收规范进行技术检验合格，称为竣工验收合格。竣工验收合格的工程，承发包双方应按照国家计委关于《建设项目（工程）竣工验收办法》的规定，及时办理固定资产移交与结算。

2）工程保修　从竣工验收交付使用日起的规定的期限内，承包单位要对工程中出现的质量缺陷承担保修与赔偿责任，这段时间称之为保修期。保修期如发生返修、修复的，可以看成是施工过程的延续。

（5）终结阶段。

1）生产运营。

2）投资后评价：它是工程建设管理的一项重要内容，也是工程建设程序的最后一个环节。

4.1.2　工程建设法规的立法

1. 立法概况

工程建设法规是调整工程设计的资质管理、质量管理、技术管理，以及制定设计文件全过程活动及其社会关系的法律规范的总称。其立法目的在于加强工程设计的管理，提高工程设计水平。

《中华人民共和国建筑法》（以下简称《建筑法》）是我国工程建设方面的一部主要法规。该法于1997年11月1日第八届全国人民代表大会常务委员会第二十八次会议通过，自1998年3月1日起施行。

工程建设法规是包括有关工程建设方面的法律、行政法规、部门规章、地方性法规、地方规章等多层次的法律规范的体系：《建设工程勘察设计管理条例》（2000）、《中华人民共和国注册建筑师条例》（1995）、《建设工程勘察设计合同条例》（1983）、《中外合作设计工程项目暂行规定》（1986）、《中华人民共和国招标投标法》（2000）、

《建设工程质量管理条例》(2000)、《建设工程安全生产管理条例》(2004)、《建设工程抗御地震灾害管理规定》(1994)、《建筑安装工程承包合同条例》(1983) 以及各省市的《建筑市场管理条例》、《建设工程监理条例》、《建设工程造价管理条例》等。

2.《建筑法》的基本内容

《中华人民共和国建筑法》(以下简称《建筑法》) 是在 1997 年 11 月 1 日召开的第八届全国人民代表大会常务委员会第二十八次会议审议通过的。由中华人民共和国主席令第 91 号发布,自 1998 年 3 月 1 日起施行。《建筑法》的制定和实施,对于加强建筑活动的监督管理,依法对建筑工程发包、承包、施工和监理,维护建筑市场秩序,保证建筑工程的质量和安全,深化建筑管理体制的改革,促进建筑业健康发展,都具有十分重要的现实意义和深远的历史意义。各建设单位、建筑施工企业、勘察、设计单位和工程监理等单位,都要认真贯彻执行。

《建筑法》的内容包括:总则;建筑许可;建筑工程发包与承包;建筑工程监理;建筑安全与生产管理;建筑工程质量管理;法律责任;附则。共八章85条。其适用范围为:在中华人民共和国境内从事的建筑活动,实施对建筑活动的监督管理。所谓建筑活动,是指各类房屋建筑及其附属设施的建造和与其配套的线路、管道、设备的安装活动。建筑活动应当确保建筑工程的质量和安全,符合国家的建筑工程安全标准。从事建筑活动应当遵守法律、法规,不得损害社会公共利益和他人的合法权益。任何单位和个人都不得妨碍和阻挠依法进行的建筑活动。国务院建设行政主管部门对全国建筑活动实施统一的监督管理。

4.1.3 工程建设法规的调整对象

工程建设法规的调整对象是建设行政管理关系与建设协作关系,具体内容如下:

(1) 建设行政管理关系。建设行政管理关系非常广泛,反映在工程建设过程中,主要是指国家及其建设行政主管部门对建设活动的立项、计划、筹资、设计、施工与验收等工作进行监督管理时同建设单位、设计单位、施工单位、中介组织之间发生的管理与被管理的关系。此外,国家还通过财政、金融、审计、会计、统计、价格、税收等有关法规来规范工程建设活动。

(2) 工程建设中平等主体的协作关系。工程建设中的平等主体主要指建设单位、勘察设计单位、建筑安装企业、建设监理单位以及建筑制品、建筑材料的生产供应单位、建筑机械设备租赁单位等。这些平等主体协作关系的核心是当事人之间的权利义务关系,主要体现在建设工程及其有关合同的签订与履行之中,具体包括建设单位与勘察设计单位、建筑安装企业、建设监理单位的合同关系,建设单位或建筑安装企业与建筑制品、建筑材料生产供应单位的合同关系,建筑安装企业与建筑机械设备租赁单位发生的业务往来的合同关系,以及建设单位、勘察设计单位、监理单位、建筑安装企业之间在工程建设中的相互协作关系等。此外,在涉及信贷、劳务、技术成果转让时，还包括有关单位之间的信贷合同、劳务合同、技术转让合同等多项业务往来关系，亦属工程建设管理法规调整的对象。

综上所述，从工程建设的程序和工程建设法规调整的对象来看，工程建设法规的内容广泛，种类繁多且带有很强的专业性。

4.2 建设工程招标与投标

4.2.1 建设工程招投标的概念和作用

1. 招标投标的概念

如前所述，工程发包与承包有招标投标和直接发包两种方式，国家提倡招投标方式，并对许多工程强制进行招投标。

所谓招标投标，是指由业主（建设单位）设定标底并编制反映其建设内容与要求的合同文件，吸引承包人参与竞争，按照特定程序择优达成交易并签约，按合同实现标底的工程发包与承包交易方式。建设工程的承发包采用招标投标的交易方式，可以充分利用供求关系、价值规律和竞争机制。

2. 招投标活动的作用

（1）有助于完善社会主义市场经济体制，维护公平竞争的市场经济秩序，促进全国统一市场的形成。规范的招投标活动有利于鼓励竞争，打破地区封锁和行业保护，促进生产要素在不同地区、部门、企业之间自由流动和组合，为招标人选择符合要求的供货商、承包商和服务商提供机会。

（2）有助于避免或减轻发包工程的风险，有效地控制工程工期、质量与投资。

（3）有助于提高投资决策的科学化和民主化水平，促使承包人增强市场意识，不断采用先进技术，提高经营管理水平，努力降低工程成本，在发展生产力的基础上取得实实在在的经济效益。这对于保障国有资金的有效使用，提高投资效益具有重要意义。

因此，建设工程的承发包主要采用招标投标方式来进行，只有那些不宜于招标投标的保密工程、特殊专业工程或施工条件特殊的工程，才采用直接发包（即委托）的方式。

3. 相关法规

《中华人民共和国招标投标法》（以下简称《招标投标法》）是在1999年8月30日，经第九届全国人民代表大会常务委员会第十一次会议讨论通过的，由中华人民共和国主席令第21号公布，自2001年1月1日起施行。凡是在我国境内进行招标投标活动的都适用本法。制订本法是为了规范招标投标活动、保护国家利益、社会公共利益和招标投标活动当事人的合法权益，提高经济效益，保证项目质量。

4.2.2　建设工程招标

1. 招标类型

由于工程建设的前期阶段（投资意向、投资机会分析、项目建议书、可行性研究、审批立项）一般不采用招标方式来发包，建设工程招标主要有三种类型：工程设计、施工和设备订购总承包招标；设计招标；施工招标。

2000 年 10 月 18 日起施行的《建筑工程设计招标投标管理办法》和 2003 年 5 月 1 日起施行的《工程建设项目施工招标投标办法》对设计招标和施工招标作出了明确的法律规定。

2. 招标人

招标人是指依照《招标投标法》规定提出招标项目，进行招标的法人或者其他组织。招标人可以根据招标项目本身的要求，在招标公告或者投标邀请书中，要求潜在投标人提供有关资质证明文件和业绩情况，并对潜在投标人进行资格审查。国家对投标人的资格条件有规定的，依照其规定执行。

3. 招标方式

招标可分为公开招标和邀请招标。

（1）公开招标是指招标人以招标公告的方式邀请不特定的法人或者其他组织投标。招标人采用此方式的，应当发布招标公告。对依法必须进行招标项目的招标公告的，应当通过国家指定的报刊、信息网络或者其他媒介发布。要求招标公告载明的事项有：招标人的名称和地址；招标项目的性质、数量、实施地点和时间；获取招标文件的办法等。

（2）邀请招标是指招标人以投标邀请书的方式邀请特定的法人或者其他组织投标。招标人采用此方式的，应当向 3 个人以上具有承担招标项目能力、资信良好的特定法人或者其他组织发出投标邀请书。

4. 招标文件的编制

招标人应当根据招标项目的特点和需要编制招标文件。招标文件应当包括招标项目的技术要求、对投标人资格审查的标准、投标报价要求和评标标准等所有实质性要求和条件以及拟签订合同的主要条款。国家对招标项目的技术、标准有规定的，招标人应当按照其规定在招标文件中提出相应的要求。招标项目需要划分标段、确定工期的，招标人应当合理划分标段、确定工期，并在招标文件中载明。招标文件不得要求或者标明特定的生产者及倾向或者排斥潜在投标人的其他内容。招标人对已经发出的招标文件进行必要的澄清或者修改的，应当在招标文件要求提交投标文件截止时间至少 15 日前，以书面形式通知招标文件收受人。该澄清或者修改的内容为招标文件的组成部分。

4.2.3　建设工程投标

1. 投标人

投标人是指响应招标、参加投标竞争的法人或者其他组织。投标人应当具备承担招标项目的能力。国家有关规定对投标人资格条件或者招标文件对投标人资格条件有规定的，投标人应当具备规定的条件。

按照《招标投标法》的规定，"两个以上法人或者其他组织可以组成一个联合体，以一个投标人的身份共同投标。联合体各方均应当具备承担招标项目的相应能力"。国家有关规定或者招标文件对投标人资格条件有规定的，联合体各方均应当具备规定的相应资格条件。对由同一专业的单位组成的联合体，按照资质等级较低的单位确定资质等级。要求联合体各方应当签订共同投标协议，明确约定各方拟承担的工作和责任，并将共同投标协议连同投标文件一并提交招标人。而联合体在投标中中标的，联合体各方应当共同与招标人签订合同，就中标项目向招标人承担连带责任。

投标人不得相互串通投标报价，不得排挤其他投标人的公平竞争，损害招标人或者其他投标人的合法权益；投标人也不得与招标人串通投标，损害国家利益、社会公共利益或者他人的合法权益；禁止投标人以向招标人或者评标委员会成员行贿的手段谋取中标；投标人不得以低于成本的报价竞标，也不得以他人名义投标或者以其他方式弄虚作假，骗取中标。

2. 投标文件的编制

投标人应当按照招标文件的要求编制投标文件。投标文件应当对招标文件提出的实质性要求和条件作出响应。对建筑施工的招标项目，投标文件的内容应当包括拟派出的项目负责人与主要技术人员的简历、业绩和拟用于完成招标项目的机械设备等。规定投标人在要求提交投标文件的截止时间前，将投标文件送达投标地点。而招标人收到投标文件后，应当签收保存，不得开启。对投标人少于 3 个的，招标人应当依照《招标投标法》重新招标。在招标文件要求提交投标文件的截止时间后送达的投标文件，招标人应当拒收。投标人在招标文件要求提交投标文件的截止时间前，可以补充、修改或者撤回已提交的投标文件，并书面通知招标人。而补充、修改的内容是投标文件的组成部分。对投标人根据招标文件载明的项目实际情况，拟在中标后将中标项目的部分非主体、非关键性工作进行分包的，应当在投标文件中载明。

4.2.4 建设工程开标、评标和中标

1. 开标

根据《招标投标法》的规定，"开标由招标人主持，在招标文件确定的提交投标文件截止时间的同一时间公开进行；开标地点应当为招标文件中预先确定的地点。开标时，由投标人或者其推选的代表检查投标文件的密封情况，也可以由招标人委托的公证机构检查并公证；经确认无误后，由工作人员当众拆封，宣读投标人名称、投标价格和投标文件的其他主要内容。开标过程应当记录，并存档备查"。

2. 评标

《招标投标法》第 37 条规定，"评标由招标人依法组建的评标委员会负责。依法

必须进行招标的项目，其评标委员会由招标人的代表和有关技术、经济等方面的专家组成，成员人数为 5 人以上单数，其中技术、经济等方面的专家不得少于成员总数的 2/3。前款专家应当从事相关领域工作满 8 年并具有高级职称或者具有同等专业水平，由招标人从国务院有关部门或者省、自治区、直辖市人民政府有关部门提供的专家名册或者招标代理机构的专家库内的相关专业的专家名单中确定；一般招标项目可以采取随机抽取方式，特殊招标项目可以由招标人直接确定。与投标人有利害关系的人不得进入相关项目的评标委员会；已经进入的应当更换。评标委员会成员的名单在中标结果确定前应当保密"。

3. 中标

中标人的投标应当符合下列条件之一：

（1）能够最大限度地满足招标文件中规定的各项综合评价标准。

（2）能够满足招标文件的实质性要求，并且经评审投标的价格最低，但是投标价格低于成本的除外。

中标人确定后，招标人应当向中标人发出中标通知书，并同时将中标结果通知所有未中标的投标人。中标通知书对招标人和中标人具有法律效力。中标通知书发出后，招标人改变中标结果的，或者中标人放弃中标项目的，应当依法承担法律责任。招标人和中标人应当自中标通知书发出之日起 30 日内，按照招标文件和中标人的投标文件订立书面合同。招标人和中标人不得再行订立背离合同实质性内容的其他协议。招标文件要求中标人提交履约保证金的，中标人应当提交。

4.3　建筑工程施工与监理

4.3.1　建筑工程施工

1. 相关法规

为了加强对建筑活动的监督管理，维护建筑市场秩序，保证建筑工程的质量和安全，建设部于 1999 年 12 月 1 日起施行了《建筑工程施工许可管理办法》。规定在中华人民共和国境内从事各类房屋建筑及其附属设施的建造、装修装饰和与其配套的线路、管道、设备的安装，以及城镇市政基础设施工程的施工，建设单位在开工前应当依照本办法的规定，向工程所在地的县级以上人民政府建设行政主管部门（以下简称发证机关）申请领取施工许可证。

2. 申请施工许可证应具备的条件

建设单位申请领取施工许可证，应当具备下列条件，并提交相应的证明文件：

（1）已经办理该建筑工程用地批准手续。

（2）在城市规划区的建筑工程，已经取得建设工程规划许可证。

（3）施工场地已经基本具备施工条件，需要拆迁的，其拆迁进度符合施工要求。

（4）已经确定施工企业。按照规定应该招标的工程没有招标，应该公开招标的工程没有公开招标，或者肢解发包工程，以及将工程发包给不具备相应资质条件的，所确定的施工企业无效。

（5）有满足施工需要的施工图纸及技术资料，施工图设计文件已按规定进行了审查。

（6）有保证工程质量和安全的具体措施。施工企业编制的施工组织设计中有根据建筑工程特点制定的相应质量、安全技术措施，专业性较强的工程项目编制的专项质量、安全施工组织设计，并按照规定办理了工程质量、安全监督手续。

（7）按照规定应该委托监理的工程已委托监理。

（8）建设资金已经落实。建设工期不足 1 年的，到位资金原则上不得少于工程合同价的 50%，建设工期超过一年的，到位资金原则上不得少于工程合同价的 30%。建设单位应当提供银行出具的到位资金证明，有条件的可以实行银行付款保函或者其他第三方担保。

（9）法律、行政法规规定的其他条件。

3. 对建筑工程开工、中止施工、恢复施工的规定

自领取施工许可证之日起 3 个月内建设单位应当开工。因故不能按期开工的应当向发证机关申请延期。延期以两次为限，每次不超过 3 个月。对既不开工，又不申请延期或者超过延期时限的，施工许可证自行废止。

对在建的建筑工程因故中止施工的，建设单位应当自中止施工之日起 1 个月内，向发证机关报告，并按照规定做好建筑工程的维护管理工作。

对建筑工程恢复施工的，应当向发证机关报告。但是，对中止施工满 1 年的工程恢复施工前，建设单位应报告发证机关核验施工许可证。

4.3.2 建筑工程监理

1. 建筑工程监理的概念

建筑工程监理是指由具有法定资质条件的工程监理单位，根据建设单位的委托，依照法律、行政法规及有关的技术标准、设计文件和建筑工程承包合同，对承包单位在施工质量、建设工期和建设资金使用等方面，代表建设单位对工程施工实施监督的专门活动。监理对工程建设的参与者进行监督、控制、督促、评价和管理，确保建设行为的合法性、科学性、合理性和经济性。

建设监理涉及项目前期与项目的实施阶段。当前我国着重于项目设计阶段、招投标阶段、施工阶段和竣工验收以及项目投入使用后的保修阶段的监理工作，具有顾问、参谋和监督管理方面的职责。

2. 相关法规

与建设工程监理关系密切的法律、法规、规章、规范分别为《中华人民共和国

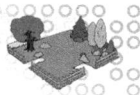

建筑法》（1998）、《监理工程师资格考试和注册试行办法》（1992）主要对监理工程师的资格、考试、注册、管理进行了规定、《建设工程监理规范》（GB 50319—2000）（2001）主要对建设监理范围、监理程序等作出了规定、《工程监理企业资质管理规定实施意见》（2001）主要对监理单位的设立与申报、资质、业务范围、职责与义务进行了规定、《房屋建筑工程施工旁站监理管理办法（试行)》（2003）、《建设工程监理范围和规模标准规定》（2001）。

3. 行为主体

建设工程监理的行为主体是工程监理企业，这是我国建设工程监理制度的一项重要规定。建设工程监理不同于建设行政主管部门的监督管理。后者的行为主体是政府部门，它具有明显的强制性，是行政性的监督管理，它的任务、职责、内容不同于建设工程监理。同样，总承包单位对分包单位的监督管理也不能视为建设工程监理。

建设工程监理的实施需要建设单位的委托和授权。工程监理企业应根据委托监理合同和有关建设工程合同的规定实施监理。建设工程监理只有在建设单位委托的情况下才能进行。只有与建设单位订立书面委托监理合同，明确了监理的范围、内容、权利、义务、责任等，工程监理企业才能在规定的范围内行使管理权，合法地开展建设工程监理。

4.4　建筑工程安全生产与质量管理

4.4.1　建筑工程安全生产

1. 相关法规

国务院建设行政主管部门制定的工程建设安全生产法规和规范性文件，主要有《工程建设重大事故报告和调查程序规定》（1989）、《国务院关于特大安全事故行政责任追究的规定》（2001）、《中华人民共和国安全生产法》（2002）、《建设工程安全生产管理条例》（2004）。

2. 管理机构与职责

国务院建设行政主管部门主管全国工程建设安全生产的行业监督管理工作。其主要职责是：贯彻执行国家有关安全生产的法规和方针、政策，起草或制定建筑安全生产管理法规、标准；统一监督管理全国工程建设方面的安全生产工作，完善建筑安全生产的组织保证体系；制定建筑安全生产管理的中、长期规划和近期目标，组织建筑安全生产技术的开发与推广应用；指导和监督检查省、自治区、直辖市人民政府建设行政主管部门开展建筑安全生产的行业监督管理工作；统计全国建筑职工因工伤亡人数，掌握并发布全国建筑安全生产动态；负责对申报资质等级一级企业和国家一、二级企业以及国家和部级先进建筑企业进行安全资格审查或审批，行使安全生产否决权；组织全国建筑安全生产检查，总结交流建筑安全生产管理经验，表彰先进；检查和督促工程建设重大事故的调查处理，组织或者参与工程建设特别重大事故的调查。

县级以上地方人民政府建设行政主管部门负责本行政区域建筑安全生产的行业监督管理工作。其主要职责是：贯彻执行国家和地方有关安全生产的法规、标准和方针、政策，起草或制定本行政区域建筑安全生产管理的实施细则或者实施办法；制定本行政区域建筑安全生产管理中、长期规划和近期目标，组织建筑安全生产技术开发与推广应用；建立建筑安全生产的监督管理体系，制定本行政区域建筑安全生产监督管理工作制度。组织落实各级领导分工负责的建筑安全生产责任制；负责本行政区域建筑职工因工伤亡的统计和上报工作；掌握和发布本行政区域建筑安全生产动态；负责对申报晋升企业资质等级、企业升级和报评先进企业的安全资格进行审查或者审批，行使安全生产否决权；组织或参与本行政区域工程建设中人身伤亡事故的调查处理工作，并依照规定上报重大伤亡事故；组织开展本行政区域建筑安全生产检查，总结交流建筑安全生产管理经验，表彰先进，监督检查施工现场、构配件生产车间等的安全管理和防护措施，纠正违章指挥和违章作业；组织开展本行政区域建筑企业的生产管理人员、作业人员的安全生产教育、培训、考核及发证工作，监督检查建筑企业对安全技术措施费的提取和使用；领导和管理建筑安全生产监督机构的工作。

国务院有关主管部门对于所属建筑企业建筑安全生产的管理职责，由国务院有关主管部门规定。

4.4.2 建筑工程质量管理

1. 建设工程质量的概念

建设工程质量有广义和狭义之分。从狭义上说，建设工程质量仅指工程实体质量，它是指在国家现行的有关法律、法规、技术标准、设计文件和合同中，对工程的安全、适用、经济、美观等特性的综合要求。广义上的建设工程质量还包括工程建设参与者的服务质量和工作质量，它反映在他们的服务是否及时、主动，态度是否诚恳、守信，管理水平是否先进，工作效率是否很高等方面。它又可分为政治思想工作质量、管理工作质量、技术工作质量和后勤工作质量等。本书中的建设工程质量主要是指工程本身的质量，即狭义上的建设工程质量。

影响建设工程质量的因素很多，如决策、设计、材料、机械、地形、地质、水文、气象、施工工艺、操作方法、技术措施、人员素质、管理制定等等，但归纳起来，可分为五大方面，即通常所说的4M1E：人（Man）、材料（Material）、机械（Machine）、方法（Method）和环境（Environment）。在工程建设全过程中严格控制好这五大因素，是保证建设工程质量的关键。

2. 相关法规

2000年1月10日国务院第二十五次常务会议通过发布了《建设工程质量管理条

例》，2005 年 8 月 23 日经第七十一次常务会议讨论通过发布了《建设工程质量检测管理办法》，2005 年 1 月 12 日颁布实施了《建设工程质量保证金管理暂行办法》，以规范建设工程质量保证金管理，落实工程在缺陷责任期内的维修、修养责任。此外，还有于 1993 年 2 月 22 日第七届全国人民代表大会常务委员会第三十次会议通过的《中华人民共和国产品质量法》，1991 年 5 月 7 日发布的《中华人民共和国产品质量认证管理条例》。

3. 管理体系

我国对建设工程质量进行管理的体系，包括纵向管理和横向管理两个方面。

纵向管理是国家对建设工程质量所进行的监督管理，它具体由建设行政主管部门及其授权机构实施，这种管理贯穿在工程建设的全过程和各个环节之中，它既对工程建设从计划、规划、土地管理、环保、消防等方面进行监督管理，又对工程建设的主体从资质认定和审查、成果质量检测、验证和奖惩等方面进行监督管理，还对工程建设中各种活动如工程建设招投标、工程施工、验收、维修等进行监督管理。

横向管理又包括两个方面，一是工程承包单位，如勘察单位、设计单位、施工单位自己对所承担工作的质量管理。它们要按要求建立专门质检机构，配备相应的质检人员，建立相应的质量保证制度，如审核校对制、培训上岗制、质量抽检制、各级质量责任制和部门领导质量责任制等等。二是建设单位对所建工程质量的管理，它可成立相应的机构和人员，对所建工程的质量进行监督管理，也可委托社会监理单位对工程建设的质量进行监理。现在，世界上大多数国家都推行监理制，我国也正在推行和完善这一制度。

4.5　中外合作设计工程项目有关规定

4.5.1　关于中外合作设计工程项目

1. 相关法规

为了加强对中国设计机构同外国设计机构合作设计工程项目的管理，促进合作设计活动的开展，经国务院批准，1986 年 6 月 5 日国家计委、对外经济贸易部联合颁发了《中外合作设计工程项目暂行规定》，该《规定》自 1985 年 7 月 1 日起施行。1992 年 4 月，建设部、对外经济贸易部又联合发布了《成立中外合营工程设计机构审批管理的规定》。2002 年 12 月 1 日起施行了《外商投资建设工程设计企业管理规定》。2004 年 5 月 10 日建设部下发七十八号文件《关于外国企业在中华人民共和国境内从事建设工程设计活动的管理暂行规定》，以规范在中华人民共和国境内从事建设工程设计活动的外国企业的管理。

2. 适用范围

中国投资或中外合资、外国贷款工程项目的设计，需要委托外国设计机构承担时，应有中国设计机构参加，进行合作设计。

中国投资的工程项目，中国设计机构能够设计的，不得委托外国设计机构承担设计，但可以引进与工程项目有关的部分设计技术或向外国设计机构进行技术经济咨询。

外国在中国境内投资的工程项目，原则上也应由中国设计机构承担设计；如果投资方要求由外国设计机构承担设计，应有中国设计机构参加，进行合作设计。

3. 审批

需要进行合作设计的工程项目（包括合作设计所需的外汇），按照项目管理权限，由主管部门或建设单位在上报项目建议书或设计任务书的同时，提出申请，经批准后方可对外开展工作。小型项目，按隶属关系由主管部门或省、自治区、直辖市计划委员会批准。大中型项目，按隶属关系由主管部门或省、自治区、直辖市提出审查意见，报国家计委审批；其中特大型项目，由国家计委组织初审，提出审核意见，报国务院批准。

项目的主管部门或建设单位在择优选定外国设计机构的同时，应选定中国的合作设计机构。

4. 资格审查

外国设计机构经设计资格审查合格者，方可承担中国工程项目的设计任务。外国设计机构的资格是否合格，由项目的主管部门进行审查。

审查设计资格是否合格的主要内容包括：

（1）外国设计机构所在国或地区出具的设计资格注册证书。

（2）技术水平、技术力量和技术装备状况。

（3）承担工程设计的资历和经营管理状况。

（4）社会信誉。

4.5.2 中外合作设计的管理与监督

1. 招标投标的管理与监督

涉外项目如需邀请外国企业参加投标，建设单位应按项目隶属关系提出申请，经国务院有关部门或省、自治区、直辖市、计划单列市审批后，报建设部备案，然后方可发出招标公告或邀请函。

涉外工程的国际招标，由投资者和建设单位会同国家有关部门组成相应的组织，负责监督与管理，建设单位或其代理单位负责办理招标的具体工作。

外国企业参加投标需持有《外国企业承包工程许可证》，如果中标，应按《中华人民共和国涉外经济合同法》的要求参照国际惯例，与招标单位签订承包合同。合同副本应按分级管理的权限报主管部门备案。外国企业如与中国企业合伙投标，双方应签订合作合同，明确各自的权利和义务。

2. 合同的管理与监督

合作设计双方必须签订合作设计合同，明确双方的权利和义务。合作设计合同应包括以下内容：

(1) 合作设计双方的名称、国籍、主营业所和法定代表人的姓名、职务、国籍、住所。

(2) 合作的目的、范围和期限。

(3) 合作的形式，对设计内容、深度、质量和工作进度的要求。

(4) 合作设计双方对设计收费的货币构成、分配方法和分配比列。

(5) 合作设计双方工作联系的方法。

(6) 违反合同的责任。

(7) 对合同发生的争议的解决方法。

(8) 合同生效的条件。

(9) 合同签订的日期、地点。

在签定合作合同时，被选定为合作设计的主设计方应与项目委托方签订设计承包合同。

3. 其他管理与监督

合作设计可以包括从工程项目的勘察到工程设计的全过程，也可以选择其中一阶段进行合作。

合作设计应采用先进的、适用的标准规范，合作设计双方应互相提供拟采用的范本。

合作设计双方要进行设计文件会审，并对设计质量负责。合作设计双方按合同完成设计后，送项目委托方审查认可。

在合作设计中，外国设计机构需要的地形、地质、水文、气象、环境调查等基础资料，由项目委托方按类别向各主管部门办理审批手续，实行有偿提供。使用资料者，不得向第三方转让。

在合作设计的过程中，合作设计双方应按合同要求严格履行自己的义务，如未达到合同要求，应按合同规定承担责任。

合作设计双方设计所得收入，应按中国有关税法规定纳税。

4.6　违反工程建设法的法律责任

1. 发包与承包方面

(1) 发包单位将工程发包给不具有相应资质条件的承包单位的，或者违反本法规定将建筑工程肢解发包的，责令改正，处以罚款。超越本单位资质等级承揽工程的，责令停止违法行为，处以罚款，可以责令停业整顿，降低资质等级；情节严重的，吊销资质证书；有违法所得的，予以没收。未取得资质证书承揽工程的，予以取缔，并处罚款；有违法所得的，予以没收。以欺骗手段取得资质证书的，吊销资质证书，处以罚款；构成犯罪的，依法追究刑事责任。

（2）建筑施工企业转让、出借资质证书或者以其他方式允许他人以本企业的名义承揽工程的，责令改正，没收违法所得，并处罚款，可以责令停业整顿，降低资质等级；情节严重的，吊销资质证书。对因该项承揽工程不符合规定的质量标准造成的损失，建筑施工企业与使用该企业名义的单位或者个人承担连带赔偿责任。

（3）承包单位将承包的工程转包的，或者违反本法规定进行分包的，责令改正，没收违法所得，并处罚款，可以责令停业整顿，降低资质等级；情节严重的，吊销资质证书。承包单位有前款规定的违法行为的，对因转包工程或者违法分包的工程不符合规定的质量标准造成的损失，与接受转包或者分包的单位承担连带赔偿责任。

（4）在工程发包与承包中索贿、受贿、行贿，构成犯罪的，依法追究刑事责任；不构成犯罪的，分别处以罚款、没收贿赂的财物、对直接负责的主管人员和其他直接责任人员给予处分。对在工程承包中行贿的承包单位，除依照前款规定处罚外，可以责令停业整顿，降低资质等级或者吊销资质证书。

2. 施工与监理方面

（1）工程监理单位与建设单位或者建筑施工企业串通，弄虚作假、降低工程质量的，责令改正，处以罚款，降低资质等级或者吊销资质证书；有违法所得的，予以没收；造成损失的，承担连带赔偿责任；构成犯罪的，依法追究刑事责任。工程监理单位转让监理业务的，责令改正，没收违法所得，可以责令停业整顿，降低资质等级；情节严重的，吊销资质证书。

（2）违反本法规定，涉及建筑主体或者承重结构变动的装修工程擅自施工的，责令改正，处以罚款；造成损失的，承担赔偿责任；构成犯罪的，依法追究刑事责任。

（3）建筑施工企业违反本法规定，对建筑安全事故隐患不采取措施予以消除的，责令改正，可以处以罚款；情节严重的，责令停业整顿，降低资质等级或者吊销资质证书；构成犯罪的，依法追究刑事责任。建筑施工企业的管理人员违章指挥、强令职工冒险作业，因而发生重大伤亡事故或者造成其他严重后果的，依法追究刑事责任。

3. 安全生产与质量管理方面

（1）建设单位违反本法规定，要求建筑设计单位或者建筑施工企业违反建筑工程质量、安全标准，降低工程质量的，责令改正，可以处以罚款；构成犯罪的，依法追究刑事责任。

（2）建筑设计单位不按照建筑工程质量、安全标准进行设计的，责令改正，处以罚款；造成工程质量事故的，责令停业整顿，降低资质等级或者吊销资质证书，没收违法所得，并处罚款；造成损失的，承担赔偿责任；构成犯罪的，依法追究刑事责任。

（3）建筑施工企业在施工中偷工减料的，使用不合格的建筑材料、建筑构配件和设备的，或者有其他不按照工程设计图纸或者施工技术标准施工的行为的，责令改正，处以罚款；情节严重的，责令停业整顿，降低资质等级或者吊销资质证书；造成建筑工程质量不符合规定的质量标准的，负责返工、修理，并赔偿因此造成的损失；构成犯罪的，依法追究刑事责任。

（4）建筑施工企业违反本法规定，不履行保修义务或者拖延履行保修义务的，责令改正，可以处以罚款，并对在保修期内因屋顶、墙面渗漏、开裂等质量缺陷造成的损失，承担赔偿责任。

4. 其他方面

（1）本法规定的责令停业整顿、降低资质等级和吊销资质证书的行政处罚，由颁发资质证书的机关决定；其他行政处罚，由建设行政主管部门或者有关部门依照法律和国务院规定的职权范围决定。依照本法规定被吊销资质证书的，由工商行政管理部门吊销其营业执照。

（2）违反本法规定，对不具备相应资质等级条件的单位颁发该等级资质证书的，由其上级机关责令收回所发的资质证书，对直接负责的主管人员和其他直接人员给予行政处分；构成犯罪的，依法追究刑事责任。

（3）政府及其所属部门的工作人员违反本法规定，限定发包单位将招标发包的工程发包给指定的承包单位的，由上级机关责令改正；构成犯罪的，依法追究刑事责任。

（4）负责颁发建筑工程施工许可证的部门及其工作人员对不符合施工条件的建筑工程颁发施工许可证的，负责工程质量监督检查或者竣工验收的部门及其工作人员对不合格的建筑工程出具质量合格文件或者按合格工程验收的，由上级机关责令改正，对责任人员给予行政处分；构成犯罪的，依法追究刑事责任；造成损失的，由该部门承担相应的赔偿责任。

4.7　案例分析

案例一

1. 案情简介

2005 年 4 月 2 日，上海某绿化工程有限公司（以下简称绿化公司）与上海某科技发展有限公司（以下简称科技公司）签订了《绿化工程合同》，约定：绿化公司承接科技公司的厂区绿化工程，工程地点位于松江区洞泾镇，工程内容为厂区内绿化范围内的所有绿化土方量；厂区绿化草坪面积（6500m²）；具体绿化位置由甲方指定；最终绿化面积以实结算；草籽为百慕达品种；承包方式为土方及草坪一次性承包施工，工程造价 360000 元；付款方式为工程土方量完工，草籽播种完毕付款 30%，草籽出芽以后续付总工程款的 60%，余下 10% 在 1 年养护期满付清；工期自 2005 年 4 月 10 日起至 2005 年 4 月 30 日止。合同还就工程施工和质量等事项作了约定。合同签订之后，绿化公司按约进场施工，并在合同约定的期限内播种完毕。同年 6 月 20 日草籽出芽。事后，绿化公司函告科技公司要求其偿付到期的工程款 324000 元。科技公司以绿化公司施工的绿化工程的草籽、土方质量不符合绿化工程的要求而拒付工程款。绿化公司为此提起诉讼。

草籽播撒完毕之后至草籽出芽期间，绿化公司按照合同的约定对绿化工程实施养护，之后至今，绿化公司以科技公司未偿付工程款为由未继续实施养护，现实际由科技公司对该工程进行养护，因此绿化公司自愿放弃要求科技公司偿付合同约定的养护费用 36000 元（即合同约定的 10% 的工程款）。

绿化公司要求法院判令科技公司偿付工程款 324000 元。科技公司辩称，由于绿化公司未按合同约定的内容撒放草籽，并且没有按照规定使用绿化土方，致使现长出大量杂草，故绿化公司违约在先，科技公司不同意承担工程款，要求法院驳回绿化公司的诉讼请求。

2. 审判结果

法院认为，"建设工程合同是承包人进行工程建设、发包人支付价款的合同。绿化公司与科技公司于 2005 年 4 月签订的《绿化工程合同》系双方当事人的真实意思表示，不违反法律、行政法规的强制性和禁止性规定，该合同应为有效合同，双方当事人均应按照合同约定履行相应的义务。即在草籽出芽之后，科技公司应当按照合同的约定偿付工程款，在本案中该款项为全部工程款的 90%，即 324000 元。现绿化公司在审理中自愿放弃 36000 元的养护费用，因此系绿化公司自愿处分其权利，并无不当，法院予以准许"。至于科技公司辩称绿化公司未按合同的约定提供绿化土方以及百慕达草籽的问题，法院认为，"当事人对自己的主张应当提供相应的证据予以证实。现科技公司就上述辩称的内容，未能提供相应的证据，且科技公司在绿化公司施工期间，也未就上述问题提出异议或要求绿化公司实施整改，在科技公司已经使用的情况之下，其仍以上述理由拒付工程款，依据不足，法院难以支持"。

于是一审法院作出判决："科技发展有限公司于本判决生效后 10 日内偿付绿化有限公司工程款 324000 元。案件受理费由科技公司承担"。判决后，科技公司不服，提起上诉，坚持其原审反驳意见，要求二审法院依法撤销原判，驳回绿化公司的原审诉讼请求。二审中，科技公司提供上海市园林绿化质量检测室出具的《检测报告》，证明绿化公司施工的土方质量不符合绿化工程的要求。绿化公司则认为该证据不是新的证据，表示不予质证。二审法院认为，"科技公司提供的上述证据，不是新的证据，且绿化公司不予质证，故二审法院不予采纳"。

二审法院认为，"科技公司与绿化公司签订的《绿化工程合同》，系双方当事人

真实意思表示，内容不违反法律规定，该合同应为有效，双方当事人均应严格履行合同义务。现绿化公司已按照约定将草籽播种完毕，草籽也已出芽，故科技公司应按合同约定向绿化公司支付工程价款的 90%。现科技公司认为绿化公司施工的工程质量不符合绿化工程要求的意见，因未能提供证据，本院不予采纳"。原审法院根据绿化公司的诉请及本案的相关事实，所作判决并无不当，本院可予维持。科技公司的上诉请求，缺乏事实和法律依据，于是二审法院驳回上诉，维持原判。

3. 本案评析

本案是一起典型的因工程质量问题产生工程款纠纷的诉讼，有如下三个值得探讨的问题：

（1）工程质量瑕疵抗辩未获支持的实体原因分析。本案中，科技公司之所以不支付工程款，其唯一的理由就是绿化公司的工程质量存在问题，即，没有按照合同的约定撒放草籽和没按照规定使用绿化土方，但其却没有在一审中举出这方面的证据，这成为其败诉的一个重要原因。作为科技公司，如果认为绿化公司工程质量有问题，一方面应积极保留证据，比如说对绿化公司撒放草籽进行留样、责令其更换草籽、对撒放的草籽进行公证等。而在本案中，如同法院认定的一样，未对质量问题提出异议或要求绿化公司进行整改，故法院难以支持其抗辩；另一方面科技公司如认为草籽和绿化土方有不符合合同要求，应委托园林检测部门对工程质量进行及时检测，或在诉讼中申请法院委托有资质的部门对绿化工程质量进行检测，然后根据合同的约定，通过诉讼等方式追究绿化公司的违约责任。

另外，一个影响本案判决的重要的事实就是作为发包方的科技公司接受了绿化公司的施工工程，即，已经构成的对该工程的实际使用，所以应当认定工程已经竣工验收，因为根据最高人民法院《关于审理建设工程施工合同纠纷案件适用法律问题的解释》第 13 条的规定，"建设工程未经竣工验收，发包人擅自使用后，又以使用人质量不符合约定为由主张权利的，不予支持"。该解释还规定，"建设工程未经竣工验收，发包人擅自使用的，以转移占有建设工程为竣工日期"。故科技公司的实际使用，使得其不符工程款的抗辩不能成立。

（2）超过举证时限是科技公司败诉的程序上的原因。在本案二审中，科技公司提供了上海市园林绿化质量检测室出具的《检测报告》，证明绿化公司施工的土方质量不符合绿化工程的要求，而绿化公司则认为该证据不是新的证据，表示不予质证，这实际上是举证时限问题。根据最高人民法院《关于民事诉讼证据的若干规定》（以下简称《规定》），"当事人对自己的主张应当提供证据"。《规定》第 41 条第二款对"新的证据"作了明确的界定，"二审程序中的新的证据包括：一审庭审结束后新发现的证据，当事人在一审举证期限届满前申请人民法院调查取证未获准许，二审法院经审查认为应当准许并依当事人申请调取的证据"。而根据这一规定，科技公司提供的《检测报告》不符合"新的证据"的要求。根据《规定》第 43 条的规定，"当事人举证期限届满后提供的证据不是新的证据的，人民法院不予采纳"。第34条第三款规定，"对于当事人逾期提交的证据，人民法院审理时不组织质证，但对方当事人同意质证的除外"。故根据以上规定，对于《检测报告》这一证据，法院完全可以不予认可，当事人也可以不予质证，故科技公司也只能承担不利的法律后果。

（3）科技公司与绿化公司责任的客观分析。从法律上讲，科技公司不按照合同约定支付工程价款，绿化公司可以通过法律诉讼的方式保护自己合法权益的实现；绿化公司完成的绿化工程不符合工程合同的约定，科技公司也可以要求其承担违约责任。本案中，绿化公司的权益通过诉讼方式得以实现，而科技公司的抗辩并没有得到法院的认可，具体原因上文已述。作为科技公司，应当如何保护自己的合法权益呢？一是科技公司在施工过程中，对出现的工程质量问题，及时向施工方绿化公司书面交涉，提出赔偿要求，如双方不能协商一致的，暂时不进行竣工验收，也不接受绿化工程，并通过法律手段向绿化公司主张权利；二是在诉讼过程中，要严格按照法律的规定提供对自己有利的证据，并及时提出反诉，要求对方承担工程质量不合格的合同责任。

案例二

1. 案情简介

工程概况：北京朝阳区××乡一花园工程，总占地面积 36.4 万 m^2，总建筑面积 13.8 万 m^2。该工程前期共 581 栋工程，建筑面积 8.4 万 m^2，于 1994 年开工，由朝阳区××乡组织建设，后期工程 54 栋住宅，建筑面积 5.4 万 m^2，于 2000 年 6 月开工，由北京某房地产开发公司组织建设。

自 1994 年以来，朝阳区××乡开始进行违法建设以来，到 1996 年，共建成 10.99 万 m^2 的违法工程。1997 年，市建委工程项目执法监察领导小组办公室对该违法建设进行了处理，对原乡党委书记和乡长给予了行政处分，对该项目罚款 1068 万元。2000 年 12 月，该乡政府将上述房产全部移交给北京某房地产公司经营管理，并办理了变更建设单位手续。此后，该房地产开发公司在该项目未取得《建设工程规划许可证》，《建筑工程施工许可证》的情况下，继续进行违法建设，现有 54 栋住宅已进入结构施工阶段，严重扰乱了北京市建筑市场秩序。

2. 审理结果

北京市建委、市规委在检查中发现，该工程目前未按规定办理《建设工程规划许可证》、《建筑工程施工许可证》，也未按规定办理招投标、工程监理、质量监督注册等手续，是一起典型的违法建设工程。

北京市建委依据国务院《建设工程质量管理条例》，根据该工程建设单位的违法行为事实，责令这家房地产开发公司立即停止施工，限期改正，处以罚款 32.4 万元。根据建设部、监察部《工程建设若干违法违纪行为处罚办法》给予施工单位通州某

建筑工程公司警告，并处以 3 万元罚款。设计单位北京某建筑设计公司在设计单位资质年审中被注销。

案例三

1. 案情简介

1995 年 12 月 28 日，廖某与深圳市某招待所（下称招待所）签订《合作合同》，约定共同经营招待所 1～5 楼的中西餐厅。在合作期间，廖某于 1995 年 6 月在招待所的用地范围内投资兴建二层附楼并投入使用。1999 年该区国土局认为招待所所有 764.9m² 建筑为违法建筑，限期拆除。招待所对该处罚决定不服，申请复议。市复议办支持了招待所的主张，撤销了该处罚决定。2000 年 1 月 18 日，国土局重新作出（2000）001 号行政处罚决定，认定招待所附楼未办理《建设工程规划许可证》，影响城市规划，限期拆除。该决定尚未执行，廖某即提出行政诉讼。区法院认为该处罚决定与 1999 年行政处罚决定的拆除对象相同、理由相同，既然 1999 年的处罚决定已被市复议办撤销，2000 年的也应当撤销，发回重审。

本案重审期间，招待所向法院提交了一份说明，说明该区建设指挥部地政监察室和规划建设部口头答应可以建筑招待所附楼，到时补办有关手续。经一审法院向有关建设指挥部相关人员调查，确认该说明情况属实。

区人民法院一审认为："国土局在作出被诉行政行为前，依法履行了告知、调查和审查等法定义务，程序合法。有证据证明招待所附楼系经当时的土地规划部门同意兴建而非擅自兴建，期间招待所亦曾多次书面申请报建，未办理《建设工程规划许可证》的主要责任不在招待所，而在建设指挥部；且国土局无证据证明占用规划绿地是严重影响城市规划的要件，因此国土局认为附楼是违法建筑的证据不足"。因此，该区人民法院一审判决撤销国土局 2000 年 1 月 18 日的（2000）001 号行政处罚决定。

国土局不服，上诉至市中级人民法院。二审认为："廖某与招待所合作在用地红线范围内兴建附楼时，招待所曾多次向建设指挥部申请《建设工程规划许可证》，但该指挥部没有在法定或合理期限内及时发放《建设工程规划许可证》或作出不予批准兴建的具体行政行为，后经招待所催办，该指挥部主管建设审批权的主管人员却表态可以先行兴建，《建设工程规划许可证》等审批手续待后补办。但至主管部门作出限期拆除的行政处罚决定为止，附楼未得到规划国土部门补办的《建设工程规划许可证》。国土局据此认定该附楼属于未办理《建设工程规划许可证》、擅自兴建的违法建筑，从而作出限期拆除的行政处罚决定属认定事实错误"。由于该附楼已经拆除，撤销已无必要，二审人民法院作出终审判决："国土局于 2000 年 1 月 18 日作出的（2000）001 号行政处罚决定违法"。

后国土局又提出申诉。法院经审查认为："国土局作出（2000）001 号行政处罚决定的依据有二：一是招待所附楼建设未取得《建设工程规划许可证》，二是其建设部分侵占了规划绿地"。

关于第一个问题，建设指挥部是否批准招待所的建筑申请、向招待所颁发《建设工程规划许可证》，与国土局对廖某作出行政处罚决定是两个不同的具体行政行为。无论廖某及招待所是否向有关部门申请建筑许可，国土部门未颁发兴建招待所附楼的《建设工程规划许可证》是不争的事实。因此，国土局根据《中华人民共和国城市规划法》第40条之规定，对廖某作出处罚，并无不当。

其次，《中华人民共和国城市规划法》第35条规定，"任何单位和个人不得侵占道路、广场、绿地、高压供电走廊和压占地下管线进行建设"。现有证据足以证实招待所附楼确实部分侵占了规划绿地面积。国土局据此认定招待所在其用地范围内的规划绿地上兴建附楼的事实没有错误。

因此，国土局所作出的（2000）001号行政处罚决定认定事实清楚、程序合法、适用法律正确。终审判决确实存在认定事实不清、适用法律错误的问题，根据《中华人民共和国民事诉讼法》第185条第二款之规定，法院向省人民检察院提请抗诉。

2. 审理结果

省人民检察院向省高级人民法院提出抗诉，省高级人民法院将本案发回市中级人民法院重审，市中级人民法院再审认为："建筑施工必须以取得《建设工程施工许可证》为前提，招待所附楼的兴建始终未取得《建设工程施工许可证》，违反了《中华人民共和国城市规划法》的有关规定，国土局根据该法作出拆除的处罚，并无不当。至于招待所主张已提出过附楼的建设申请，指挥部未作处理的问题，属另一法律关系，不能据此认定招待所附楼的兴建是合法行为。现有证据亦能确认附楼部分侵占了红线图内的规划绿地面积，国土局认定的事实没有错误。因此，国土局的行政行为应予维持，检察机关的抗诉理由成立"。2005年4月28日，市中级人民法院作出再审判决，维持国土局（2000）001号行政处罚决定。

思考练习

1. 工程建设的程序是什么？
2. 简述工程建设法规的调整对象。
3. 建设工程招标方式有哪些？
4. 建设工程对投标人有哪些具体规定？
5. 简述建筑工程监理的概念和行为主体。
6. 简述建筑工程质量管理的管理体系。
7. 我国对中外合作设计有哪些管理与监督？
8. 违反工程建设法规的责任是如何规定的？

第5章 合同法规

[教学要求] ● 掌握立法概况以及《合同法》的基本内容。
　　　　　　● 了解合同订立的形式、内容和过程。
　　　　　　● 了解施工合同和监理委托合同的概念和各方的权利义务。
[知识要点] ● 合同的主要法律特征。
　　　　　　● 施工合同的主要条款以及发包方、承包方的义务。
　　　　　　● 违反合同应承担的法律责任。

5.1　概述

5.1.1　合同的概念和种类

1. 合同的概念

合同也称契约。根据《中华人民共和国合同法》的规定，"合同是平等主体的自然人、法人、其他组织之间设立、变更、终止民事权利义务关系的协议"。其中，法人是指依法成立，能够独立享有民事权利和承担民事义务的组织，包括机关、团体、企业、事业单位、公司等。其他组织是指不具备法人资格的合伙组织以及分支机构等。民事权利义务关系是指财产关系，这里所指的协议不包括婚姻、收养、监护等有关身份关系的协议。

2. 合同的主要法律特征

（1）合同是一种民事法律行为，体现的是民事法律关系。民事法律行为是当事人有意识进行的，能够引起一定法律后果的行为，由此产生的权利义务关系是法律关系。

（2）合同是双方或多方自愿达成的民事法律行为。合同是当事人意思一致的表示，任何一方不能把自己的意志强加给对方，也不受其他单位和个人的非法干预。只要一方当事人的意思表示或者双方当事人之间的意思表示不一致，合同也就不能成立。

（3）合同当事人的法律地位是平等的。合同关系不是一种行政隶属关系，合同当事人各方，不论是法人还是自然人或其他组织，不论其在行政上有无上下级隶属关系，不论其所有制形式如何，也不论其经济实力强弱，其法律地位是平等的，任何一方都不能把自己的意志强加给对方。

(4) 合同是当事人合法的法律行为。合同的订立和内容必须合法，合同中确立的权利义务，必须是当事人各方依法可以行使的权利和承担的义务。

3. 合同的种类

(1) 要式合同和不要式合同。根据合同成立是否特别要求具备特定形式和手续，可将合同分为要式合同和不要式合同。要式合同即法律、法规要求或当事人约定必须具备特定形式和手续才能成立的合同；不要式合同即不以特定形式为成立要件的合同。

(2) 诺成合同和实践合同。根据合同成立是否以交付标的物为要件，可将合同分为诺成合同与实践合同。各方当事人意思表示一致即告成立的合同为诺成合同；实践合同又叫要物合同，是指除各方当事人意思表示一致外，还须交付标的物才能成立的合同。

(3) 双务合同和单务合同。根据合同各方权利、义务的分担方式，可以分为双务合同和单务合同。双务合同即各方都要承担权利和义务的合同；单务合同即只需合同一方承担义务的合同。

(4) 有偿合同和无偿合同。根据当事人之间取得权利有无代价，可将合同分为有偿合同和无偿合同。有偿合同即当事人取得一定的权利时需要付出一定的代价，尽一定义务的合同；无偿合同即当事人不需付出代价即可获得一定权利的合同。

(5) 主合同和从合同。根据合同的主从关系，可将合同分为主合同和从合同。主合同与从合同是相对而言的，不需要依赖其他合同而能独立存在的合同为主合同；需要依赖其他合同（主合同）才能成立的合同为从合同，如担保合同。

(6) 有名合同和无名合同。根据法律上有无规定一定的名称，可分为有名合同和无名合同。有名合同即典型合同，是指法律、行政法规规定了具体名称和调整规范的合同。我国合同法分别规定了 23 种有名合同，基本上概括了合同的主要种类。无名合同即非典型合同，是指法律尚未规定其名称和相应的调整规范的合同。

5.1.2 合同法规的立法

1. 立法概况

1999 年 3 月 15 日第九届全国人民代表大会第二次会议通过了《中华人民共和国合同法》（以下简称《合同法》），该法分为总则、分则、附则三部分，共二十三章 428 条，于 1999 年 10 月 1 日起施行。这是新中国第一部统一的合同法，也是调整和规范社会主义市场经济秩序的基本法律。

2.《合同法》的调整范围

《合同法》调整的范围包括：平等主体之间的外国自然人、法人、其他组织与中国自然人、法人和其他组织之间的合同关系；法人、其他组织之间的经济贸易合同关

系，同时还包括自然人之间的买卖、租赁、借贷、赠与等合同关系；在政府机关参与的合同中，政府机关作为平等的主体与对方签订合同时、有关企事业单位之间根据国家订货任务签订合同时，适用《合同法》的规定；其他法律对合同有规定的，依照其规定，但仍适用《合同法》总则的规定。如《中华人民共和国商标法》、《中华人民共和国专利法》、《中华人民共和国著作权法》等法律都对有关合同的特殊性问题作了具体规定。

5.1.3 《合同法》的基本原则

（1）平等原则。《合同法》第3条规定，"合同当事人的法律地位平等，一方不得将自己的意志强加给另一方"。在法律上，合同当事人不论是自然人还是法人或其他组织，都是平等的主体。其权利义务也是对等的，既享有权利，同时又承担义务，而且彼此权利义务是相对应的。需要指出的是，平等原则不是指当事人享有的权利和承担的义务均等。法律地位上的平等，并不意味着当事人享有的具体民事权利和承担的具体民事义务都是一样的。

（2）自愿原则。《合同法》第4条规定，"当事人享有自愿订立合同的权利，任何单位和个人不得非法干涉"。这一原则贯穿于合同活动全过程，即当事人有权根据自己的意志和利益，自愿决定是否签订合同；与谁签订合同；签订什么样的合同；自愿协商和确立合法的合同内容或补充合同内容；协商变更合同内容；自愿协商解除合同；自愿协商确定违约的责任；选择争议解决方式。《合同法》的这一原则，体现了民事活动的基本特征，是民事法律关系区别于行政法律关系、刑事法律关系的特有的原则。

（3）公平原则。《合同法》第5条规定，"当事人应当遵循公平原则确立各方的权利和义务"。根据这一原则无论是签订合同还是变更合同，应当公平合理地确定双方的权利和义务，不得滥用权利，不得欺诈，不得假借订立合同进行恶意磋商，应当公平合理地确立违约责任，公平合理地确立风险的合理分配。

（4）诚实信用原则。《合同法》第6条规定，"当事人行使权利、履行义务应当遵循诚实信用的原则"。这一原则贯穿于合同活动的全过程，包括不得以欺诈或其他违背诚实信用的行为签订合同；要根据合同的约定忠实正确地履行合同；合同终止后，也要根据交易习惯履行通知、协助保密等义务。

（5）合法原则。《合同法》第7条规定，"当事人订立、履行合同，应当遵守法律、行政规范，遵守社会公德，不得扰乱社会经济秩序，扰乱社会公共利益"。合同关系不仅是当事人之间的关系，有时可能涉及社会公共利益、社会经济秩序和社会公德。因此，合同当事人的意思应当在法律范围内表示。合同的订立、履行也必须在法律规定的范围内进行。

5.2 合同的订立

合同的订立是指两个或两个以上的当事人，依法就合同的主要条款经过协商一致，达成协议的法律行为。合同当事人可以是自然人，也可以是法人或者其他组织，都应当具有与订立合同相应的民事权利能力和民事行为能力。当事人也可以依法委托代理人订立合同。

5.2.1 合同订立的形式

合同的形式是当事人意思表示一致，达成协议的外在表现形式。《合同法》规定，当事人订立合同有以下三种形式：

（1）书面形式。书面形式是指合同书、信件、数据电文（包括电报、电传、传真、电子数据交换和电子邮件）等可以有形地表现所载内容的形式。书面形式明确肯定，有据可查，便于分清责任和取证，有利于减少欺诈，保证交易安全，对于防止争议和解决纠纷，有积极的意义。实践中，法律法规规定采取书面形式的以及当事人约定采取书面形式的，都应当采取书面形式。这也是当事人最为普遍采用的一种合同约定形式。

（2）口头形式。口头形式是指合同当事人以直接语言交流方式为意思表示并达成协议的一种形式。口头形式直接、简便、迅速，但由于缺乏有关合同内容的文字根据，发生纠纷时难以取证，不易分清责任，不利于交易安全。所以用口头形式宜慎重。一般运用于标的数额较小的合同和即时清结的合同。对于不能即时清结的合同和标的数额较大的合同，则应采取书面形式。

（3）其他形式。除了书面形式和口头形式，合同还可以采取其他形式成立。法律上没有列举具体的"其他形式"，但可以根据当事人的行为或者特定情形推定合同的成立。这种形式也是法律认可的合同的其他形式。例如旅客购买的车、船票，即是证明运输合同关系的凭证。

5.2.2 合同订立的内容

合同的内容，即合同当事人订立合同的各项具体意思的表示，具体体现为合同的各项条款。根据我国《合同法》的规定在不违反法律强制性规定的情况下，合同的内容由当事人约定，一般包括以下的条款：

（1）当事人的名称或者姓名和住所。当事人是法人或其他组织的必须将其全称明确地写在合同中；当事人是自然人的，要写真实姓名。另外，合同中还要写明法人或其他组织从事生产、经营活动的固定场所以及自然人的户籍所在地或经常居住地，以避免虽知当事人的名称或者姓名，却无处查找。

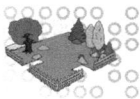

（2）标的。标的是合同当事人双方权利和义务所共同指向的对象。任何合同都应当有标的，没有标的或标的不明确的合同不成立，合同关系无法建立。因此。标的是合同成立的必要条件，是一切合同必备的条款。

合同的标的可以是有形财产，即具有价值和使用价值并且法律允许流通的有形物，如生产和生活资料等；也可以是无形财产，即具有价值和使用价值并且法律允许流通的不以实物形态存在的智力成果，如商标权、专利权、著作权、技术秘密等；还可以是劳务或工作成果，劳务是指不以财产体现其成果的劳动与服务，如运输合同中的运输行为、用工合同中的劳动行为；工作成果是指在合同履行过程中产生的、体现履约行为的有形物或无形物，如建设工程合同中承包人完成的建设项目，技术合同中的研究开发人共同完成的开发成果等。

（3）数量。数量是对标的量的规定，是以计量单位和数字来衡量的标的尺度，它决定着权利和义务的大小，如产品数量多少、完成工作量多少等。合同的数量需准确，应选择使用双方当事人共同接受的计量单位、计量方法和计量工具。

（4）质量。质量是标的的具体特征，是标的的内在素质和外观形态的结合。一般以品种、型号、规格、等级和工程项目的标准等体现出来。合同中必须对质量明确加以规定。质量条款必须符合《中华人民共和国标准化法》和《产品质量法》等法律法规的规定，法律法规中没有明确规定使用标准的，应尽可能约定其适用的标准。此外，质量条款中应明确质量的检验方法及试验方法、质量责任的期限和条件等。

（5）价款或者报酬。价款或者报酬是指当事人一方向交付标的的一方支付的货币。价款是以物为标的的合同中，取得标的的一方向另一方支付的代价，如买卖产品的货款、财产租赁的租金、借款的利息等。报酬是接受服务或者成果的一方向另一方支付的代价，如保管合同中的保管费、存储合同中的存储费、劳务合同中的劳务费等。价款或者报酬作为主要条款，在合同中应明确规定其数额、计算标准、结算方式和程序等。

（6）履行期限、地点和方式。履行期限是指当事人各方依照合同规定全面完成自己合同义务的时间，是确定合同能否按时履行的依据；履行的地点是指当事人依照合同规定完成自己的义务所处的地理位置，它直接关系到履行合同的费用、双方当事人的利益以及确定所有权是否转移、何时转移、发生纠纷后由何地法院管辖的依据；履行的方式是指合同当事人履行合同义务的具体做法。不同种类的合同有不同的履行方式。有的合同以转移一定财产的方式履行，如买卖合同；有的合同以提供劳务的方式履行。如运输合同；有的合同要以支付一定的工作成果的方式履行，如建设工程合同；有的合同要一次全部履行；有的合同要求分几次履行；也有的合同要求定期履行。

（7）违约责任。违约责任是合同当事人不履行合同或不按合同的约定履行合同应当承担的法律责任。在合同中明确规定违约责任有利于督促当事人自觉履行合同，使对方免受或少受损失，有利于确定违反合同的当事人应承担的责任。所以，合同中要明确规定违约责任条款，如约定定金或违约金，约定赔偿金额以及赔偿金的计算方法等。

（8）解决争议的方法。解决争议的方法是指合同当事人对合同的履行发生争议时解决的途径和方式。可以选择解决争议的方法主要有：当事人协商；第三人调节；仲裁；诉讼。如果意图通过诉讼解决，可以不进行约定；如果通过其他途径解决则要在事先或事后约定，若想选择仲裁解决的方法，则要明确具体的仲裁机构。

除法律另有规定外，涉外合同的当事人可以选择解决他们的争议所适用的法律，可以选择中国法律、其他国家或地区的法律。当他们选择仲裁方式解决纠纷时，可以选择中国的仲裁机构，也可以选择其他国家的仲裁机构。

5.2.3　合同订立的过程

《合同法》第13条规定，"当事人订立合同采取要约、承诺方式"。要约、承诺其实就是合同订立的一般程序，是当事人双方或多方就合同内容进行协商，达成一致意见的过程。

1. 要约

要约是希望和他人订立合同的意思表示。当一方当事人向对方提出合同条件作出签订合同的意思表示时，称为"要约"。发出要约的一方当事人为要约人，另一方当事人为受要约人。要约在商业活动中和对外贸易中又称投价、发价、出价、发盘、出盘等。

（1）要约的规定。

① 内容具体明确。要约的内容必须具有足以使合同成立的主要条件，包括主要条款，如标的的数量、质量、价款或报酬、履行期限、地点和方式等，而且必须明确具体。这样受要约人才能决定是否接受该要约，而要约一经接受，合同即告成立。

② 表明受要约人一旦承诺，要约人即受该要约约束。当要约送达受要约人后，在要约的有效期限内，要约人不得擅自撤回要约或变更要约内容。要约一经承诺，要约人即受束，合同相应成立。

③ 要约必须由特定的人向特定的人发出，也可以向非特定人发出。

在此，要注意将要约与要约邀请相区别，要约邀请是希望他人向自己发出要约的意思表示，不属于订立合同的行为。寄送的价目表、拍卖广告、招标公告、招股说明书、商业广告等，性质为要约邀请。但如商业广告的内容符合要约的规定，如悬赏广告，则视为要约。

（2）要约的生效时间。要约到达受要约人时生效。要约的生效时间因要约的方式不同而有不同的界定，口头形式的要约从受要约人了解要约的内容时开始生效；书面形式的要约一般送到受要约人所能控制并应当能够了解要约内容的地方（如受要

约人的住所或信箱等）时生效；采用数据电文形式订立合同，收件人指定特定系统接受数据电文的，该数据电文进入该特定系统的时间，视为到达时间；未指定特定系统的，该数据电文进入收件人的任何系统的首次时间，视为到达时间。

（3）要约的撤回。要约的撤回是指要约人在要约生效之前使要约不发生法律效力的意思表示，法律规定要约可以撤回。由于要约在到达受要约人时即生效，因此，撤回要约的通知应当在要约到达要约人之前或者与要约同时到达要约人。

（4）要约的撤销。要约的撤销是指要约人在要约生效后，受要约人承诺前，使要约丧失法律效力的意思表示。撤销要约的通知应当在受要约人作出承诺之前送达要约人，撤销要约可能会损害受要约人的利益，因此，法律上规定了以下两种情形不得撤销要约：一种情况是要约中确定了承诺期限或者以其他形式表明要约不可撤销；另一种情况是受要约人有理由认为要约是不可撤销的，并已经为履行合同做了准备工作。

（5）要约的失效。要约失效是指要约丧失法律效力。《合同法》规定了要约失效的情形：

1）拒绝要约的通知到达要约人，要约人一旦收到受要约人不完全接受要约的通知，要约即失去效力。

2）要约人依法撤销要约。

3）承诺期限届满，受要约人未作出承诺。要约中规定承诺期限的，超过这个期限不承诺，则要约失效；要约没有规定承诺期限的，如要约以对话方式作出的，除当事人另有约定外，受要约人未即时作出承诺的，要约即失效；如要约以非对话方式作出的，受要约人未在合理期限内作出承诺的，要约即失效。

4）受要约人对要约的内容作出实质性变更。受要约人在要约的有效期内给予答复，但对要约内容作了实质性变更，这等于提出了一个反要约，实质上是拒绝了要约人的要约，要约即失效。

2. 承诺

（1）承诺的条件。承诺是受要约人同意要约的意思表示。承诺应当具备以下条件：

① 承诺必须由受要约人作出，如由代理人承诺，则代理人必须有合法委托手续。

② 承诺必须向要约人作出。

③ 承诺的内容应当与要约的内容一致。

④ 承诺应当在要约确定的期限内作出。

（2）承诺的方式。承诺应当以通知的方式作出，通知的方式可以是口头的，也可以是书面的。一般来说，如果法律或要约中没有规定必须以书面形式表示承诺，当事人就可以口头形式表示承诺，根据交易习惯或当事人之间的约定，承诺也可以通过实施一定行为或以其他方式作出，不过，通常沉默或不行为不能视为承诺。

（3）承诺的期限。要约以信件或电报作出的，承诺期限自信件载明的日期或者电报交发之日开始计算。信件未载明日期的，自投寄该信件的邮戳日期开始计算。要约以电话、传真等快速通信方式作出的，承诺期限自要约到达受要约人时开始计算。

（4）承诺的生效。承诺通知到达要约人时生效。承诺不需要通知的，根据交易习惯或者要约的要求作出承诺的行为时生效。

承诺可以撤回，承诺的撤回是指受要约人阻止承诺发生法律效力的意思表示，但撤回承诺的通知应当在承诺通知到达要约人之前或者与承诺通知同时到达要约人。

承诺生效后不可以撤销，因承诺一旦生效，合同即告成立。如果一定要撤销承诺，也只能通过解除合同、承担违约责任这样的途径来解决。受要约人超过承诺期限发出承诺的，为延迟承诺，除要约人及时通知受要约人该承诺有效外，应视为新要约，不发生承诺的法律效力。但受要约人在承诺期限内发出承诺，因送达等其他原因承诺到达要约人时超过承诺期限的，除要约人及时通知受要约人因承诺超过期限不接受该承诺的以外，该承诺有效。

订立合同的过程，往往要经过要约、反要约的多次往复，才能协商一致。最后订立合同。

5.3 建设工程合同

5.3.1 建设工程合同的概念和特征

1. 建设工程合同的概念

建设工程合同也叫建设工程承包合同。建设工程承包合同是指承包方（勘察、设计、建筑安装单位）按期完成发包方（建设单位或总承包单位）交付的特定工程项目，发包方按期验收，并支付报酬或价款的协议。即发包方与承包方之间为完成特定的工程项目，而签订的明确双方权利义务关系的协议。在诸多形式的合同中，与景观园林工程密切相关的就是建设工程合同。

2. 建设工程合同的特征

建设工程合同除具有一般经济合同特征之外，还具有以下特征：

（1）建设工程合同的承包方必须具有权利能力和行为能力。即必须是经国家主管部门审查批准；在工商行政部门核准、登记并有营业执照的基本建设专业组织。必须具备必要的技术力量、机械设备以及工程技术人员等条件。勘察设计单位必须持有国家认可的勘察、设计资格证书，施工单位也要具有相应的资质等级证书。

（2）建设工程合同具有严格的计划性。建设工程合同是实现基建计划的法律形式。一方面保证完成基建计划任务，同时，也不得随意突破基建计划。

（3）建设工程合同的标的是特定的建设工程，即特定的勘察设计、建筑安装等工作，工程的规模和质量是确定的。

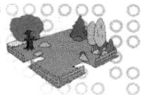

（4）建设工程合同的主体之间具有严密的协作性。由于建设工程合同标的的特殊性，决定了完成合同需要多方主体、各个部门的配合、协作。如委托方是承包方与协作方之间的协作、承包方相互之间的协作及总包单位与分包单位之间的协作等，其中任何一个部门、环节出现问题，都可能影响整个工程，所以，必须团结协作，才能圆满完成工程。否则，主体之间应负连带责任。

（5）建设工程合同必须接受专业银行的监督。中国建设银行依法对建设工程合同实施监督权。合同签订后，应报上级主管部门审批，并将合同副本送交中国建设银行。建设银行通过拨款、贷款和结算等形式对合同的工程投资、工程造价、工程进度、费用标准等进行监督。

基建过程是一个极为复杂的社会生产过程，在工程项目的勘察、设计、物资供应、土建和安装等过程中需要订立多种合同。上述建设工程合同的概念是一个总概念，包括了三种具体的合同：建设工程勘察设计合同、建筑安装工程承包合同（施工合同）、建设工程监理合同（监理委托合同）。

5.3.2 建设工程勘察设计合同

1. 建设工程勘察设计合同的概念

建设工程勘察设计合同是委托方与承包方之间，为了完成一定的勘察设计任务而签订的明确双方权利义务关系的协议。委托方是建设单位或有关单位，承包方是指有勘察设计证书的勘察设计单位。

签订勘察设计合同必须具备一定条件，这些条件是：

（1）根据《建设工程勘察设计合同条例》第 3 条规定，"签订建设工程勘察设计合同的双方，必须具有法人地位"。

（2）根据《建设工程勘察设计合同条例》第 4 条规定，"签订建设工程勘察设计合同，必须符合国家规定的基本建设程序"。

2. 建设工程勘察设计合同主要条款

根据《建设工程勘察设计合同条例》第 5 条，其主要条款是：

（1）建设工程名称、规模、投资额、建设地点。

（2）委托方提供资料的内容、技术要求和期限；承包方勘察的范围、进度和质量；设计的阶段、进度、质量和设计文件的份数。

（3）勘察设计工作的取费依据、取费标准和支付办法。

（4）违约责任。

3. 各方的权利义务

合同的签订，其主要内容是明确双方主体的权利、义务关系。在同一个勘察、设计合同中，当事人双方是互为权利义务主体的。一方的权利是另一方的义务，一方的义务是另一方的权利，反之亦然。所以，下面只介绍双方的义务，其权利不再述及。

根据《建设工程勘察设计合同条例》第 8 条规定，合同当事人双方的义务可归纳如下：

（1）委托方的义务。

勘察合同——提供基础资料，提出勘察技术要求；做好现场准备工作；提供必要的工作、生活条件；按规定支付勘察费用；维护对方的成果；如承包方有保密要求的，委托方应承担有关勘察成果的保密责任。

设计合同——提供有关文件和资料；关于引进项目的设计；明确设计范围和深度；提供必要的工作、生活条件；维护对方的成果；按规定支付设计费用；如承包方有保密要求的，委托方应承担有关设计文件的保密责任。

（2）承包方的义务。

勘察合同——按合同规定提交勘察成果。承包方应按合同规定的标准、规范和技术要求进行工程测量、工程地质、水文地质等勘察工作，按合同规定的进度、质量要求提交勘察成果。

设计合同——承包方应按规定的文件、标准进行设计，按规定的进度和质量要求提交设计文件即成果；初步设计经上级主管部门审查后，在原定可行性研究报告范围内的必要修改，由承包方承担；承包方应配合施工，进行施工前设计技术交底，解决施工中的有关设计问题，负责设计变更和修改预算，参加试车考核及工程竣工验收。

5.3.3 建筑安装工程承包合同（施工合同）

1. 建筑安装工程承包合同的概念

建筑安装工程承包合同，习惯上简称施工合同。施工合同是发包方与承包方之间为完成特定的建筑安装工程而明确相互权利义务关系的协议。依照合同，承包方应完成发包方交给的建筑安装工程任务，发包方应按合同规定提供必要的施工条件并支付工程价款。其中，发包方（即甲方）是项目业主即建设单位，或总承包单位，承包方（即乙方）则是施工单位（建筑安装企业）。

2. 建筑安装工程承包合同主要条款

依据《经济合同法》和《建筑安装工程承包合同条例》，施工合同应具备以下的主要条款：

（1）工程名称和地点。

（2）工程范围和内容。

（3）开、竣工日期及中间交工工程开、竣工日期。

（4）工程质量保修期及保修条件。

（5）工程造价。

（6）工程价款的支付、结算及交工验收办法。

（7）设计文件及概、预算和技术资料提供日期。

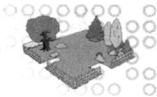

（8）材料和设备的供应和进场期限。

（9）双方相互协作事项。

（10）违约责任及争议的解决方式。

另外，技术使用、发现地下障碍和文物、工程分包、工程保险、不可抗力等也是施工合同的重要条款。

3. 各方的权利义务

（1）发包方的义务。征地；保证水电；畅通道路；提供准确资料；办理有关手续；定位标志；组织承包方和设计单位进行施工图会审，向承包方进行设计交底；保护施工现场周围环境；按双方协定的分工范围和要求，供应材料和设备；向经办银行提交拨款所需的文件（实行贷款或自筹的工程要保证资金到位），按时办理拨款和结算；派驻工地代表，解决应向发包方解决的其他问题；及时组织工程竣工验收。

发包方不按合同约定完成以上工作造成延误的，应承担由此造成的经济支出，赔偿承包方的有关损失，工期相应顺延。

（2）承包方的义务。编制施工组织设计或与工程配套的设计，经发包方同意后使用；向发包方提供年、季、月工程进度计划及相应进度统计报表和工程事故报告；按协议条款约定的数量和要求，向发包方代表提供在施工现场办公和生活的房屋及设施，发生的费用由发包方承担；办理环保手续；严格按照施工图与说明弓进行施工，确保工程质量，按合同规定的时间如期完工和交付；已竣工程未交付发包方之前，承包方按协议条款约定负责已完成工程的保护；按合同的要求做好施工现场地下管线和邻近建筑物、构筑物的保护工作；按照有关规定提出竣工验收的技术资料和工程竣工的结算资料，参加竣工验收；在合同规定的保修期内，对属于承包方责任的工程质量问题，负责无偿修理。

承包方不履行上述各项义务，造成工程延误和工程损失的，应对发包方的损失给予赔偿。

5.3.4 建设工程监理合同（监理委托合同）

根据《工程建设监理规定》的规定，"监理单位承担监理业务，应当与项目法人签订书面工程建设监理合同"，这实际上是为双方在事先提供了一个法律保护的基础。

1. 建设工程监理合同的形式

（1）简单的信件式合同。这通常是由监理单位制定，由委托方签署一份备案，退给咨询监理单位执行。

（2）委托通知单。这是由委托方发出的执行任务的委托通知单，委托方通常通过通知单的形式，把监理单位在争取委托合同时提出的建议中所规定的工作内容委托给对方，成为对方所接受的协议。

（3）标准委托合同格式。国际上许多咨询监理的行业协会或组织，都先后专门制定了标准委托合同格式。国际咨询工程师联合会即 FIDIC 颁布的《雇主与咨询工程师项目管理协议书国际范本与国际通用规则》（简称 IGRA 1990PM），是国际上普遍采用的一种标准委托合同格式，受到了世界银行等国际金融机构以及一些国家政府有关部门的认可，值得我国研究借鉴。

（4）我国监理委托合同示范文本。为适应监理事业发展的需要，更好地规范监理双方当事人的行为，建设部、国家工商局联合制定并颁布了《工程建设监理合同》示范文本。该范本一方面遵循《经济合同法》的基本原则及建设监理的有关法规、方针、政策，结合我国的实际情况；另一方面，参照了 FIDIC 合同文件《业主/咨询工程师标准服务协议书》，具有国际规范的意义。

2. 各方的权利义务

（1）监理工程师的义务（施工阶段）。在施工前期，协助建设单位和承建单位编写开工报告；协助确认分包单位；审查施工组织设计、施工技术方案和施工进度计划；材料和设备清单及其规格与质量，并审查材料和设备供应单位的资质；在施工过程中，督促检查承建单位严格执行工程承包合同和工程技术标准；调解建设单位与承建单位之间的争执；检查工程使用的材料、构件和设备的质量及安全防护措施，对不合格者提出试验或更换要求；检查工程进度和工程质量，验收分部分项工程，签署工程付款凭证；对严重违反规范、规程者，必要时签发停工通知单；签认隐蔽工程，参与处理工程质量事故，监督事故处理方案的执行；督促整理合同文件和技术档案资料；工程竣工时，组织设计单位和施工单位进行工程初步验收，提出竣工验收报告；审查工程结算。

（2）业主的义务。业主除了偿付监理费用外，还有以下义务：

负责办理或委托办理建设前期的各种申报及审批手续；负责开工前的有关准备工作，如拆迁，施工现场，水、电、路……及开工许可证等；提供有关的技术资料；指派素质较高的业主代表；明确监理单位与承建单位的关系，确保承建单位接受监理；保证有关单位对监理工程师的工作配合；为监理人员提供必要的交通工具，检测、试验的有关设备。

5.4 其他相关合同

1. 劳务合同

劳务合同即雇佣合同。它是雇佣方（业主、承包商或分包商）与劳务提供方之间为建设工程项目，就雇佣劳务者参与施工活动所签订的协议。当事人双方在商定的各项条件的基础上，以各个被雇佣人员的劳动量为单位，付给对方相应的报酬。我国建筑施工企业内部组建项目经理部，实行建筑施工企业内部承包责任制，劳务合同就

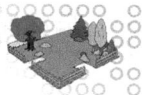

是项目经理部与企业内部劳务分公司之间的合同。

劳务合同的特点是，劳务提供方只取得相应的酬金，而不承担对方的风险，也不分享利润。

2. 物资采购合同

建设物资采购合同属于购销合同，当然也是一种买卖合同。建设物资采购合同，是指平等主体的法人、其他经济组织相互之间，就建设物资的买卖，而明确双方权利、义务关系的协议。即卖方（供方）将建设物资交付给买方，买方（需方）接受该项物资并支付价款的协议。

建设物资采购合同的特点是：

（1）建设物资采购合同应以工程承包合同为前提订立。因为，无论是业主提供建设物资，还是承包商提供建设物资，都必须符合工程承包合同中规定的质量要求和工程进度的安排。

（2）建设物资采购合同应实际履行。由于建设物资采购合同是以工程承包合同为前提订立的，因而，合同生效后卖方（供方）的义务一般不能解除即不允许卖方以支付违约金或赔偿损失的方式来代替合同的履行，除非该物资对工程本身已不必要。

（3）建设物资采购合同应采用书面形式。建设物资的品种、数量、质量和价格差异较大，有些需分期分批供货，有些涉及维修服务，内容较为复杂，应采用书面形式，以便更好地履行。

3. 租赁合同

租赁合同是出租人将租赁物交付承租人使用、收益，承租人支付租金的合同。租赁合同的内容包括租赁物的名称、数量、用途、租赁期限、租金及其支付期限、方式、租赁物维修等条款。

租赁合同是双务合同、有偿合同、诺成合同；租赁合同是转移租赁物用益权的合同；租赁合同是承租人支付租金的合同；租赁合同具有期限性，租赁期限不得超过20 年；租赁合同终止后，承租人应返还原物。

租赁合同生效后，出租人应当按照约定将租赁物交付出租人，并在租赁期间履行租赁物的维修义务，保持租赁物符合约定的用途。

承租人应当按照约定的方法或按照租赁物的性质使用租赁物，并应当妥善保管租赁物，如因保管不善造成租赁物毁损、灭失的，应当承担损害赔偿责任。承租人还应当按照约定的期限支付租金。

4. 供电合同

供电合同是供电人向用电人供电、用电人支付电费的合同。供电合同的内容包括供电的方式、质量、时间、用电容量、地址、性质、计量方式、电价、电费的结算方式、供电设施的维护责任等条款。

供电合同的履行地点，按照当事人约定；当事人没有约定或者约定不明确的，供电设施的产权分界处为履行地点。

供电人应当按照国家规定的供电质量标准和约定安全供电；否则造成用电人损失的，应当承担损害赔偿责任。供电人因供电设施计划检修、临时检修、依法限电或者用电人违法用电等原因，需要中断供电时，应当按照国家有关规定事先通知用电人。未事先通知用电人中断供电，造成用电人损失的，应当承担损害赔偿责任。因自然灾害等原因断电，供电人应当按照国家有关规定及时抢修；未及时抢修，造成用电人损失的，应当承担损害赔偿责任；用电人未按照国家有关规定和当事人的约定安全用电，造成供电人损失的，应当承担损害赔偿责任；用电人逾期不交付电费的，应当按照约定支付违约金。

此外，供水、供气、供热合同均参照供电合同的有关规定。

5. 贷款合同

贷款合同即借款合同，是指出借人（贷款方）将一定数额的货币交付给借用人（借款方），借用人在约定的期限内将同数额的货币返还给出借人，并向出借人支付利息的协议。

贷款合同的种类较多，建设工程借款合同是指中国建设银行（或其他金融机构）（贷款方）将一定数额的货币交付给建设单位（借款方），建设单位在约定的期限内将同数额的货币返还给中国建设银行（或其他金融机构），并向其支付利息的协议。

建设工程贷款必须具备批准的计划任务书和初步设计并纳入年度建设计划。申请贷款时，须附有批准的初步设计总概算、分年建设计划等，经中国建设银行审查同意后签订贷款合同。贷款根据建设进度，按实际需要支付。

6. 保险合同

《中华人民共和国保险法》第9条规定，"保险合同是投保人与保险人约定保险权利义务关系的协议"。保险合同的种类很多，财产保险合同是其中的一大类，而建筑工程保险是财产保险的一种。

财产保险合同是指投保人和保险人之间关于支付保险费和承担赔偿责任的协议。在此合同中，投保人向保险人支付一定的保险费，保险人在保险责任范围内承担保险事故对财产所造成的损失。

7. 技术合同

技术合同是指法人之间、公民之间、法人与公民之间就技术开发、技术转让、技术咨询和技术服务所订立的确定双方权利、义务关系的协议。

技术合同的标的是一种无形财产，即人类智力劳动的技术成果，它可脱离物质实体而独立存在，并且可以通过多种多样的形式表现出来。

技术合同包括各种不同的种类，根据其权利义务的不同，可分为四种，即技术开发合同、技术转让合同、技术咨询合同、技术服务合同。

在工程建设行业中，技术咨询合同、技术服务合同应用较多。

5.5 违反合同的法律责任

违约责任，是指合同当事人一方或者双方不履行合同义务或者履行合同义务不符合约定时，依照法律和合同的规定所应承担的民事责任。这是合同法律效力的体现，是国家强制当事人严格遵守合同义务的重要措施，对于保护当事人的合法权益，维护社会主义市场经济秩序具有重要意义。

《合同法》规定，"当事人一方不履行合同义务或者履行合同义务不符合约定的，应当承担继续履行、采取补救措施或者赔偿损失等违约责任。当事人双方都违反合同的，应当各自承担相应的责任。当事人一方因第三人的原因造成违约的，应当向对方承担违约责任。当事人一方和第三人之间的纠纷，依照法律规定或者按照约定解决"。

1. 违约责任的构成要件

违约责任的构成要件分为一般构成要件和特殊构成要件。一般构成要件是指违约当事人承担任何形式的违约责任都应具备的条件，包括违约行为和过错。特殊构成要件是指违约当事人承担特定形式的违约责任应具备的条件，如承担赔偿损失责任，要件应包括违约行为、过错、损害事实、违约行为与损害事实之间的因果关系 4 项。《合同法》中对各种形式的违约责任应具备的要件有相应的规定。

违约责任的归责原则有两项，即过错责任原则和无过错责任原则。过错责任原则以过错的存在作为追究违约责任的要件。对过错的存在采取两种方式确认，其一是适用"谁主张，谁举证"的原则，由债权人举证证明债务人存在过错；其二是在特定情况下适用"举证责任倒置"的原则，债务人须举证证明自己不存在过错。无过错责任原则追究违约责任不以过错的存在为要件，适用于法律规定的特殊情况。

2. 违约责任的承担

违约的当事人承担违约责任的主要形式有继续履行、采取补救措施、赔偿损失、支付违约金、给付或者双倍返还定金等。

（1）继续履行。继续履行，又称实际履行，是指债权人在债务人不履行合同义务时，可请求人民法院或者仲裁机构强制债务人实际履行合同义务。

《合同法》规定，"当事人一方未支付价款或者报酬的、不履行非金钱债务或者履行非金钱债务不符合约定的，对方可以要求履行。但有下列情形之一的不得要求继续履行：法律上或者事实上不能履行；债务的标的不适于强制履行或者履行费用过高；债权人在合理的期限内未要求履行"。

（2）采取补救措施。当事人违约，应采取合理的补救措施，以减少对方的损失。如根据我国《合同法》的规定，"质量不符合约定的，应当按照当事人的约定承担违约责任，对违约责任没有约定或者约定不明确，依法仍不能确定的，受损害方根据标的的性质以及损失的大小，可以合理地选择要求双方承担修理、更换、重作、退货、减少价款或者报酬等违约责任"。

（3）赔偿损失。合同当事人一方违约给对方造成损失，在没有约定违约金或违约金不足以弥补损失时，还应当赔偿损失。按我国《合同法》规定，"当事人一方不履行合同义务或者履行合同义务不符合约定的，在履行义务或者采取补救措施后，对方还有其他损失的，应当赔偿损失。损失赔偿额应相当于因违约所造成的损失，包括合同履行后可以获得的利益，但不得超过违反合同一方订立合同时预见到或者应当预见到的因违反合同可能造成的损失"。

当事人一方违约后，对方应当采取适当措施防止损失的扩大；没有采取适当措施致使损失扩大的，不得就扩大的损失要求赔偿。当事人因防止损失扩大而支出的合理费用，由违约方承担。

（4）支付违约金。违约金，是指当事人约定，一方违约时，应向对方支付一定数额的货币。根据我国《合同法》的规定，"当事人可以约定一方违约时应当根据违约情况向对方支付一定数额的违约金，也可以约定因违约产生的损失赔偿额的计算方法"。

约定的违约金低于造成的损失时，当事人可以请求人民法院或者仲裁机构予以追加；约定违约金过分高于造成的损失的，当事人可以请求人民法院或者仲裁机构予以适当减少"。

当事人就延迟履行约定违约金，违约方支付违约金后，还应当履行债务。

（5）给付或者双倍返还定金。定金是合同当事人一方为了担保合同的履行而预先向对方支付一定数额的金钱。当事人可以依照《担保法》约定一方向对方给付定金作为债权的担保。债务人履行债务后，定金应当抵作价款或者收回。给付定金的一方不履行约定债务的，无权要求返还定金；收受定金的一方不履行约定的债务的，应当双倍返还定金。

当事人既约定违约金，又约定定金的，一方违约时，双方可以选择适用违约金或者定金条款，但由于二者在目的、性质、功能等方面具有共性而不能并用。

3. 违约责任的免除

违约责任的免除，是指没有履行或没有完全履行合同义务的当事人，依法可以不承担违约责任。《合同法》规定，"因不可抗力不能履行合同的，根据不可抗力的影响，部分或全部免除责任，但法律另有规定的除外"。所谓不可抗力，是指不能预见、不能避免并不能克服的客观情况。当事人迟延履行后发生不可抗力的，不能免除责任。当事人一方因不可抗力不能履行合同的，应当及时通知对方，以减轻可能给对方造成的损失，并应当在合理的期限内提供证明。

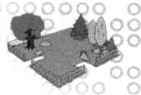

5.6 案例分析

案例一

1. 案情简介

1996 年 4 月 28 日，某建筑工程公司与某建材有限公司签订了一项建造办公楼、传达室的建筑工程承包合同。合同规定工程期限从 1996 年 4 月 28 日开工至 1996 年 7 月 28 日竣工验收；工程质量确保合格，力争优良；工程价款支付方式按补充协议办理。补充协议规定：传达室工程竣工验收合格后一次性结算工程款；办公楼主体完成一层时预付工程款 30%，屋面工程完成时，预付工程款 30%，竣工验收结算后，留尾款 40% 在半年内付清。该工程于当年 5 月开工，同年 10 月底竣工，所耗资金全部向银行贷款，但建材有限公司却未按补充协议的规定支付工程款。

建筑公司在催讨无果的情况下，向市中级人民法院提起诉讼。原告要求法院判令被告支付工程款及逾期支付的违约金，并要求对原告建造的价值 88.9 万元的办公楼、传达室及水泥路面享有留置权，在拍卖后优先支付原告的工程款。

2. 审理结果

市中级人民法院开庭审理后认为，原、被告双方自愿签订的建筑安装承包合同及补充协议内容不违反国家法律政策，属于有效合同。原告按合同规定履行义务，但被告未按规定支付工程款，属违约行为。现原告要求支付工程款及逾期支付工程款的违约金，合法合理，法院予以采纳。对原告其他的诉讼请求予以驳回。

法院判决生效后，建材有限公司仍未在规定期限内偿还工程款及违约金。当年 8 月 13 日，原告向法院申请执行，法院对建材有限公司进行财产执行。在执行过程中查清建材有限公司早已负债累累，根本无力偿还债务。同时，建材公司也已根本无财产可执行。

3. 本案评析

（1）建筑公司虽然胜诉，但是工程款已无法追回，造成这种情况是由于施工企业在签订合同之前，未做好前期工作，对建设方的社会信誉与经济实力缺乏了解，为承包工程埋下极大的隐患，最后造成恶果。所以施工企业应在合同管理上严密，合同是打官司的重要法律凭证。施工企业在签订合同时为防止工程款拖欠，应设定具有偿还能力的"保证人"或设定有效的"抵押"手段等。

（2）当建设方遇到资金紧张或企业运转不正常时，常将资金危机转嫁给施工企业，工程质量存在缺陷或工期拖延，是其拒付工程款的主要借口。施工企业应充分利用法律赋予施工企业的"优先受偿权"的权利，为自己解困。1999 年 10 月 1 日起实施的《合同法》对此作出了较为明确的规定。

案例二

1. 案情简介

某施工单位根据领取的某 2000m² 两层厂房工程项目招标文件和全套施工图纸，采用低报价策略编制了投标文件，并获得中标。该施工单位（乙方）于某年某月某日与建设单位（甲方）签订了该工程项目的固定价格施工合同。合同工期为 8 个月。甲方在乙方进入施工现场后，因资金紧缺，口头要求乙方暂停施工一个月，乙方亦口头答应。工程按合同规定期限验收时，甲方发现工程质量有问题，要求返工。两个月后，返工完毕。结算时甲方认为乙方迟延交付工程，应按合同约定偿付逾期违约金。乙方认为临时停工是甲方要求的。乙方为抢工期，加快施工进度才出现了质量问题，因此迟延交付的责任不在乙方。甲方则认为临时停工和不顺延工期是当时乙方答应的。乙方应履行承诺，承担违约责任。

2. 审理结果

因为固定价格合同适用于工程量不大且能够较准确计算、工期较短、技术不太复杂、风险不大的项目。该工程基本符合这些条件，故采用固定价格合同是合适的。根据《中华人民共和国合同法》和《建设工程施工合同（示范文本）》的有关规定，建设工程合同应当采取书面形式，合同变更亦应当采取书面形式。若在应急情况下，可采取口头形式，但必须事后予以书面确认。否则，在合同双方对合同变更内容有争议时，只能以书面协议的内容为准。本案例中甲方要求临时停工，乙方亦答应，是甲、乙方的口头协议，且事后并未以书面的形式确认，所以该合同变更形式不妥，在竣工结算时双方发生了争议，对此只能以原合同规定为准。施工期间，甲方未能及时支付工程款，应对停工承担责任，故应当赔偿乙方停工一个月的实际经济损失，工期顺延一个月。工程因质量问题返工，造成逾期交付，责任在乙方，故乙方应当支付逾期交工一个月的违约金，因质量问题引起的返工费用由乙方承担。

3. 本案评析

本案例主要涉及建设工程施工合同的类型及其适用性，解决合同争议的法律依据。建设工程施工合同以付款方式不同可分为：固定价格合同、可调价格合同和成本加酬金合同。根据各类合同的适用范围，分析该工程采用固定价格合同是否合适。解决合同争议的法律依据主要是《中华人民共和国合同法》与《建设工程施工合同（示范文本）》的有关规定。

案例三

1. 案情简介

2001 年初，某房地产开发公司欲开发新区第三批商品房，是年 4 月，某市电视台发出公告，房地产开发公司作为招标人就该工程向社会公开招标，择其优者签约承

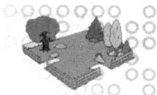

建该项目。此公告一发，在当地引起不小反响，先后有 20 余家建筑单位投标。原告 A 建筑公司和 B 建筑公司均在投标人之列。A 建筑公司基于市场竞争激烈等因素，经充分核算，在标书中作出全部工程造价不超过 500 万元的承诺，并自认为依此数额，该工程利润已不明显。房地产开发公司组织开标后，B 建筑公司投标数额为 450 万元。两家的投标均低于标底 500 万元。最后 B 建筑公司因价格更低而中标，并签订了总价包死的施工合同。该工程竣工后，房地产开发公司与 B 建筑公司实际结算的款额为 510 万元。A 建筑公司得知此事后，认为房地产开发公司未依照既定标价履约，实际上侵害了自己的权益，遂向法院起诉要求房地产开发公司赔偿在投标过程中的支出等损失。

2. 本案评析

本案争议的焦点是：经过招标投标程序而确定的合同总价能否再行变更的问题，这样做是否违反《合同法》第 271 条的规定，"建设工程的招标投标活动，应当依照有关法律的规定公开、公平、公正进行的原则"。当然，如果是招标人和中标人串通损害其他投标人的利益，自应对其他投标人作出赔偿。本案中无串通的证据，就只能认定调整合同总价是当事人签约后的意思变更，是一种合同变更行为。

依法律规定，通过招标投标方式签订的建筑工程合同是固定总价合同，其特征在于：通过竞争决定的总价不因工程量、设备及原材料价格等因素的变化而改变，当事人投标标价应将一切因素涵盖，是一种高风险的承诺。当事人自行变更总价就是从实质上剥夺了其他投标人公平竞价的权利并势必纵容了招标人与投标人之间的串通行为，因而这种行为是违反公开、公平、公正原则的行为，构成对其他投标人权益的侵害，所以 A 建筑公司的主张应予支持。

思考练习

1. 解释合同的概念。
2. 合同的主要法律特征是什么？
3. 简述合同法的基本原则。
4. 简述合同订立的过程。
5. 建设工程合同的特征有哪些？
6. 施工合同包括哪些主要条款？
7. 监理委托合同的形式有哪些？
8. 简述违反合同的法律责任。

第6章 城市市政公用事业法规

[教学要求] ● 了解城市市政工程管理法规的相关内容。
　　　　　　● 了解城市公用事业管理法规的相关内容。
　　　　　　● 了解城市市容和环境卫生管理法规的相关内容。
[知识要点] ● 城市市政公用事业的概念及分类。
　　　　　　● 城市市容和环境卫生管理的具体规定。

6.1 概述

6.1.1 城市市政公用事业的概念和分类

1. 城市市政公用事业的概念

市政公用事业是为城镇居民生产生活提供必需的普遍服务的行业，主要包括城市供水、排水和污水处理、供气、集中供热、城市道路和公共交通、环境卫生和垃圾处理以及园林绿化等。

市政公用事业是城市重要的基础设施，是城市经济和社会发展的重要载体，直接关系到社会公众的利益，关系到人民群众的生活质量，关系到城市经济和社会的可持续发展，具有显著的基础性、先导性、公用性和自然垄断性。

2. 城市市政公用事业的分类

（1）市政工程业。市政工程业是指从事城市的道路、桥涵、排水、污水处理、防洪、路灯等建设的行业。市政工程可划分为城市道路、城市排水、城市防洪三部分。

（2）城市公用事业。城市公用事业是指从事城市供水、供热、供气、公共交通（公共汽车、电车、地铁、轮渡、出租汽车及索道缆车）等的建设与管理的行业。

（3）市容和环境卫生业。市容和环境卫生业是指从事城市容貌、环境卫生设施、城市生活垃圾及卫生埋填、城市公共厕所等的建设与管理的行业。

（4）园林和绿化业。园林和绿化业是指从事城市各类园林、苗圃、树木、花草等城市绿化建设与管理的行业。

下面几节将从市政工程业、城市公用事业、市容和环境卫生业几个方面阐述，园林和绿化业在第二章中已有详述。

6.1.2　城市市政公用事业的立法

城市市政公用事业法规是调整城市市政设施的公用事业、市容环境卫生、园林绿化等建设、管理活动及其社会关系的法律规范的总称。其立法目的是为了加强市政公用事业的统一管理，保证城市建设和管理工作的顺利进行，发挥城市多功能的作用。

1. 城市市政工程管理法规

有关城市市政工程管理的法规有：1996 年 10 月 1 日起实行的《城市道路管理条例》（国务院令第 198 号）、1993 年 4 月 24 日颁布的《城市道路占用挖掘收费管理办法》、1993 年 1 月 1 日起施行的《城市道路照明设施管理规定》、由中华人民共和国第九届全国人民代表大会常务委员会第二十九次会议于 2002 年 8 月 29 日修订通过的《中华人民共和国水法》、1988 年 6 月 10 日国务院颁布的《中华人民共和国河道管理条例》、城乡建设环境保护部 1982 年 8 月 21 日颁发的《市政工程设施管理条例》、由中华人民共和国第八届全国人民代表大会常务委员会第十九次会议于 1996 年 5 月 15 日修订通过的《中华人民共和国水污染防治法》。

2. 城市公用事业管理法规

关于城市供水管理，除《中华人民共和国水法》外，1994 年 7 月 19 日国务院颁布了《城市供水条例》，1988 年建设部经国务院同意颁布了《城市节约用水管理规定》。另外，有关部门还制定了《城市地下水资源管理规定》、《饮用水水源保护区污染防治管理规定》等部门规章。

关于城市供热、供气管理，国务院于 1986 年 2 月 6 日批转了城乡建设环境保护部、国家计委《关于加强城市集中供热管理工作报告》，建设部于 1991 年发布了《城市燃气安全管理规定》。

关于城市公共交通管理，除了《道路交通管理条例》以外，1988 年 6 月 15 日发布了《城市出租汽车管理暂行办法》、2004 年 3 月 6 日发布了《关于优先发展城市公共交通的意见》、2005 年 3 月 1 日经第五十三次建设部常务会议讨论通过，自 2005 年 6 月 1 日起施行了《城市公共汽电车客运管理办法》。

3. 城市市容和环境卫生管理法规

有关城市市容和环境卫生管理的法规有：1992 年 6 月 28 日国务院正式颁布的《城市市容和环境卫生管理条例》、1995 年全国人大常委会颁布的《中华人民共和国固体废物污染环境防治法》、2007 年 4 月 10 日经建设部第一百二十三次常务会议讨论通过，将于 7 月 1 日起施行的《城市生活垃圾管理办法》、1991 年 1 月 1 日起实行的《城市公厕管理办法》、2005 年 3 月 1 日建设部发布的《城市建筑垃圾管理规定》、1997 年 2 月 3 日建设部发布的《城市环境卫生质量标准》、2006 年 1 月 20 日建设部颁布的《中国城乡环境卫生体系建设》。对于提高城市市容和环境卫生事业的管理水平，使其走上规范化、制度化、法制化轨道具有重大意义。

6.2 城市市政工程管理法规

6.2.1 城市道路管理

1. 城市道路的概念及范围

城市道路包括机动车道、非机动车道、人行道、广场、街头空地、路等。城市桥涵包括桥梁、涵洞、立体交叉桥、过街人行桥、城市道路与铁路两用桥等。城市道路照明设施包括城市道路、桥梁、广场、不售票的公共绿地等处的照明设施。具体包括：

（1）机动车道、非机动车道、人行道、广场、公共停车场、隔离带、路肩、路坡、路堤、边沟。

（2）桥梁（立体交叉桥、高架路）隧道、涵洞、人行天桥、人行地下通道。

（3）道路、桥梁的路灯及其附属设施。

（4）已征用的城市道路建设用地。

2. 城市道路的建设

（1）城市道路建设原则。《城市道路管理条例》第7条、第12条规定：

1）城市人民政府应当组织城市建设行政主管部门会同有关部门根据城市总体规划，制定城市道路发展规划和年度建设计划，报城市人民政府批准实施。

2）城市供水、排水、燃气、热力、供电、通信、消防、交通标志、交通信号、道路绿化等依附于城市道路建设的各种管线、标线和其他设施的建设计划要与城市道路的发展规划和年度建设计划相协调，并坚持先地下、后地上的施工原则，与城市道路同步建设。

第8条规定，"城市道路建设资金可以采取政府投资、集资、国内外贷款、国有土地有偿使用收入、发行债券等多种渠道筹措解决"。

（2）城市道路建设的设计和施工。《城市道路管理条例》第16条、第17条规定：

1）承担城市道路设计和施工的单位，必须具备与所承担工程规模相应的资质等级，必须取得有关行政主管部门颁发的资质证书。并按规定的资质等级承担设计和施工任务。

2）城市道路的设计和施工，必须严格执行国家和地方规定的城市道路设计和施工的技术、规范，城市道路的工程质量必须接受城市人民政府指定的工程质量监督机构的监督检查。

3）城市道路竣工必须由城市建设行政主管部门或有关部门组织验收。未经验收或者验收不合格的工程不得交付使用。

城市道路的建设是一个系统工程，它必须在城市规划具体安排下，与各种地下管网相互衔接，按照国家和地方规定的标准进行建设，形成有机的整体，才能保证建成后正常运转。而且，城市道路设计、施工难度大，情况复杂，必须由取得相应资质的设计、施工单位才能承担其相应的任务。

城市道路的建设实行监督检查和竣工验收制度，其目的就是要促使设计和施工单位，严格按照国家规定的设计、施工技术、规范进行设计和施工，以确保城市道路的工程质量，防止不合格的工程交付使用。

3. 城市道路的养护和维修

（1）城市道路养护维修原则。城市建设行政主管部门应当按照管理与养护并重，建设、养护、管理并重的原则，加强城市道路的养护和维修工作，保证城市道路经常处于完好状态。

现在，城市道路失养失修情况严重，各级城市道路养护维修部门应当制定有效的养护维修制度。按照大、中、小修的养护维修周期，安排好计划，定期进行维修，确保城市道路的完好。

（2）城市道路养护维修的施工管理。

1）养护维修施工应当规定修复期限。施工作业现场必须设置明显标志和安全防围设施，保障行人和交通车辆的安全。影响交通的，养护维修单位必须与公安机关协商，共同采取维护。临时不能通行的，应当事先发布通告。

2）城市道路养护维修工程质量必须符合《城市道路养护技术规范》和有关的技术标准规范。

3）从事城市道路检查、维修的专用车辆，应当使用统一标志。执行任务或者进行特殊施工作业时，在保证交通安全畅通的原则下，不受行驶路线、行驶方向的限制。

（3）城市道路养护维修的职责划分。城市道路养护维修单位负责城市道路的养护维修工作。城市建设行政主管部门建设的广场、停车场，由城市道路养护维修单位负责管理和养护维修；单位投资建设和管理的道路，由投资建设单位或其委托的单位负责养护和维修；城市住宅小区、开发区的道路，由建设单位或其委托的单位负责养护和维修；经城市人民政府批准作封闭集贸市场的城市道路，由市场管理部门按照城市道路的养护标准负责养护维修，也可委托城市道路养护维修单位负责养护维修。

4. 城市道路的路政管理

（1）城市道路路政管理的任务。城市道路是城市基本的交通设施，在使用过程中受到交通荷载及自然条件的影响，会产生磨耗或损坏，一些人为的因素也会对城市道路的正常运行产生不利影响，如占用、挖掘城市道路和故意损坏城市道路设施等。城市道路路政管理的任务就是：制定城市道路管理规章，负责城市道路的日常管理，制止一切破坏城市道路和妨碍城市道路正常使用的行为。

城市市政工程行政主管部门负责城市道路的路政管理工作，并应当结合当地城建监察队伍的设置情况，配备从事城市道路的监察执法人员，执行路政管理的各项具体工作，制止各种违反路政管理的行为。

（2）违反路政管理的行为。在城市道路范围内禁止下列行为：

1）擅自占用或挖掘城市道路。

2）履带车、铁轮车及超重、超高、超长车辆擅自在城市道路上行驶。

3）机动车在桥梁或非指定城市道路上试刹车、停放。

4）擅自在城市道路上建设建筑物、构筑物。

5）在桥梁上架设压力在 0.4MPa 以上的煤气管道、10kV 以上高压电力线和其他易燃易爆管线。

6）擅自在桥梁和路灯设施上设置广告牌和其他悬挂物。

5. 城市道路的照明设施

城市道路照明设施，是指用于城市道路、不售票的公园和绿地等处的路灯配电室、变电器、配电箱、灯杆、地上、地下管线、灯具、工作井以及照明附属设备等。

建设部 1992 年 11 月发布了《城市道路照明设施管理规定》。根据这个规定，城市道路照明设施规划、建设和改造计划应当纳入城市道路建设、改造和年度建设计划，并与其同步实施。城市道路照明设施的改建和维护，应当按照现有资金渠道安排计划。住宅小区和旧城改造中的城市道路照明设施建设应当纳入城市建设综合开发计划。

任何单位和个人在进行可能触及、迁移、拆除城市道路照明设施或者其影响安全运行的地上、地下施工时，应当经城市建设行政主管部门审核同意后，由城市道路照明设施管理机构负责其迁移或拆除工作，费用由申报单位承担。任何单位和个人在损坏城市道路照明设施后，应当保护事故现场，防止事故扩大，并立即通知城市道路照明设施管理机构及有关单位。

城市道路照明设施附近的树木距带电物体的安全距离不得小于 1m。因自然生长而不符合安全距离标准影响照明效果的树木，城市道路照明设施的管理机构应当及时剪修，并同时通知城市园林绿化管理部门。

6.2.2　城市排水工程

1. 城市排水的概念

城市排水是指城市生活污水、工业废水、大气废水回流和其他弃水的收集、输送、净化、利用和排放。

城市排水工程包括城市污水和雨水输送管网的管道、暗渠、泵站、出水口、窨井及附属设施、污水处理厂、污泥处理场和调蓄排水的湖、排污河道等。

2. 城市排水的规划与建设

（1）城市建设行政主管部门应当根据城市规划和城市经济发展计划、经济发展的需要编制城市排水设施建设规划和年度建设计划，报城市人民政府批准后实施。

（2）建设单位在城市中进行新建、改建、扩建项目的，应当对需要增加排水设施的用量进行评估，编制排水设施用量报告书，并在项目立项前，向项目所在地的城市建设行政主管部门提出增加用量申请，城市建设行政主管部门审查同意后，由建设单位随建设项目计划书一并上报计划部门审批。

（3）城市排水设施的建设资金，采取国家和地方投资，受益者集资、国内外贷款以及实行排水设施有偿使用等多种渠道筹集，专款专用，任何单位和个人不得挪作他用。

（4）承担城市排水设施建设任务的设计和施工单位必须具备相应的资质证书，严禁无证或者越级承担设计和施工任务。城市排水设施建设项目必须严格执行国家和地方的技术规范和标准，城市排水设施须经城市建设行政主管部门验收合格后，方可投入使用。

3. 城市排水的保护

（1）不准在排水设施的防护区内修建建筑物、构筑物或者设置有碍维护作业的设施。严禁拆动、破坏、堵、占压、窃取排水设施的行为。

（2）严禁其他管道、电缆穿越排水管道和附属设施。城市内各项建设项目在施工时，必须注意保护排水设施。建设工程管线与排水管道交叉或者近距平行时，必须报经城市建设行政主管部门审查同意后，方可施工。因敷设地下管线损坏排水设施时，由建设单位负责修复赔偿。

6.2.3　城市防洪设施工程

1. 城市防洪的概念

城市防洪是指为抵御和减轻洪水对城市造成灾害而采取的各种工程和非工程预防措施。城市防洪设施包括：城市防洪堤岸、侧坝、防洪墙、排涝泵站、排洪道及其附属设施。

2. 城市防洪的规划与建设

根据《城市规划法》第15条的规定，"编制城市规划应当符合防洪的要求，在可能发生严重水害的地区，必须在规划中采取相应的防洪措施"。因此，城市防洪设施规划，既要以江河流域规划为依据，又要密切配合城市总体规划的实际情况全面规划。

城市防洪设施的建设要根据轻重缓急、近远期相结合、分期分批建设城市防洪设施，充分起到抗御洪水灾害的作用。

应当注意城市防洪设施的综合效益，不但要建设防洪堤坝，而且还应当根据需要和可能修建排洪泵站、涵闸，还可以把建设堤防和城市道路建设、园林绿化建设结合起来。

3. 城市防洪设施的维护

（1）在城市防洪设施防护带内，禁止乱挖、乱填、搭盖、摊放物料，不准进行有损防洪设施的任何活动。任何单位和个人不得擅自利用堤坝进行与防洪无关的活动和修建作业。

（2）在城市防洪设施保护带内，禁止在非码头区装卸或堆放货物。机械装卸设备需要装设在护岸、防水墙或排洪道上时，应经当地城市建设行政主管部门和防汛部门同意。

（3）在城市防洪堤和护堤地，禁止建房、放牧、开渠、打井、挖窖、葬坟、晒粮、存放物料以及开展集市贸易活动。

（4）城市内河的故道、旧堤、原有防洪设施等，非经城市建设行政主管部门批准，不得填堵、占用或者拆毁。

（5）城市建设行政主管部门应当根据《水法》、《城市规划法》、《河道管理条例》制定各种管理制度，建立健全管理机构，并根据需要建立执法队伍，依法进行管理。

6.3　城市公用事业管理法规

城市公用事业一般包括城市供水、供气、供热、公共交通、供电、通信等，它们都是城市生产和人民生活不可缺少的物质条件，也是现代化城市的基础。建设和管理好城市供水、供气、供热、供电、通信等城市基础设施，对于提高社会、经济和环境效益，改善人们的物质生活水平，促进国民经济的发展，具有十分重要的意义。管理好城市公用事业，有利于改善投资环境和人民群众的工作生活条件，进一步促进城市的经济发展。

6.3.1　城市供水、节水管理

1. 城市供水的概念和意义

城市供水是指城市公共供水和自建设施供水。公共供水，是指城市自来水供水企业以公共供水管道及其附属设施向单位和居民的生活、生产和其他各项建设提供用水；自建设施供水，是指城市的用水单位以其自行建设的供水管道及其附属设施主要向本单位的生活、生产和其他各项建设提供用水。

加强城市供水管理，有利于发展城市供水事业，保障城市生活、生产用水和其他各项用水。城市供水工作实行开发水源和计划用水、节约用水相结合的原则。县级以上人民政府应当将发展城市供水事业纳入到国民经济和社会发展计划之中。国家实行有利于城市供水事业发展的政策，鼓励城市供水科学技术研究。推广先进技术，提高城市供水的现代化水平。

2. 城市供水的管理部门和管理措施

国务院城市建设行政主管部门主管全国城市供水工作。省、自治区人民政府城市

建设行政主管部门主管本行政区域内的城市供水工作。县级以上城市人民政府确定的城市供水行政主管部门主管本行政区域内的城市供水工作。根据《城市供水条例》规定，城市供水管理措施主要有以下几方面：

（1）加强城市供水水源管理，使之纳入城市的总体规划。

（2）加强城市供水工程建设管理，使之符合国家城市供水发展规划及其年度建设计划。

（3）加强城市供水设施维护管理，确保安全供水。

（4）规定违反《城市供水条例》的城市自来水供水企业或者自建设施对外供水的企业的法律责任，从而保障供水管理措施得以实现。

3. 城市节水的规定

经国务院批准，由建设部发布的《城市节约用水管理规定》，对城市节约用水作了如下规定：

城市人民政府应当在制定城市供水发展规划的同时，制定节约用水发展规划，并根据节约用水发展规划制定节约用水年度计划。各有关行业行政主管部门应当制定本行业的节约用水发展规划和节约用水年度计划。

工业用水重复利用率低于40%（不包括热电厂用水）的城市，新建供水工程时，未经上一级城市建设行政主管部门同意，不得新增工业用水量。

城市的新建、扩建和改建工程项目，应当配套建设节约用水设施。城市建设行政主管部门应当参加节约用水设施的竣工验收。

实行超计划用水加价收费制度。城市用水计划由城市建设行政主管部门根据水资源统筹规划和长期供水计划制定，并下达执行。超计划用水必须缴纳超计划用水加价水费。超计划用水加价水费，应当从税后留利或者预算包干经费中支出，不得纳入成本或者从当年预算中支出。超计划用水加价收费的具体征收办法由省、自治区、直辖市人民政府制定。超计划用水加价水费必须按规定的期限缴纳。逾期不交纳的，城市建设行政主管部门除限期缴纳外，并按日加收超计划用水加价水费5‰的滞纳金。

水资源紧缺的城市，应当在保证用水质量标准的前提下，采取措施提高城市污水利用率。沿海城市应当积极开发利用海水资源。有咸水资源的城市，应当合理开发利用咸水资源。

6.3.2　城市供热、供气管理

1. 城市集中供热的概念和方针

城市集中供热是由集中热源所产生的蒸汽、热水通过管网供给一个城市或部分地区生产和生活使用的供热方式，它由热源、热网、热用户三个部分组成。

城市集中供热是城市基础设施之一，具有节约能源、减少污染、有利生产、方便生活的综合经济效益、环境效益和社会效益。城市供热推行集中供热的方针和原则是坚持因地制宜，广开热源，技术先进，经济合理。严格限制新建分散锅炉房，对现有分散锅炉要限期逐步改造，提高城市集中供热的普及率。

根据国务院国发（1986）22号文件公布的《关于加强城市集中供热管理工作的报告》的规定，"城市集中供热的建设资金，可采取多种渠道解决，一是地方自筹；二是向受益单位集资；三是从城市维护建设税中拿出部分资金补助城市热网建设；四是国家给予部分节能投资。国家可采取无息、低息、贴息、延长贷款偿还期等优惠政策，扶持城市集中供热的发展"。

2. 城市集中供热的管理体制

城市供热设施，是城市建设的基础设施之一。按照国务院关于各部委分工的规定，由建设部归口管理，负责拟定城市供热工作的方针、政策和法规，指导城市供热的管理工作。

凡生活用热规模较大的城市可以设立热力公司，负责城市热网、集中锅炉房的建设和管理工作。各单位建设各类供热锅炉房，应由计划部门组织规划、环保、供热管理、劳动、煤炭供应等部门审查批准。各城市人民政府要加强对集中供热工作的领导，协调各方面的工作。以工业用热为主的蒸汽供热设施的管理工作，可采取企业自管、电力部门管理和地方管理等多种形式。

3. 城市燃气的管理

城市燃气，是指供给城市中生活、生产等使用的天然气、液化石油气、人工煤气（煤制气、重油制气）等气体燃料。为了加强城市燃气的安全管理，保护人身和财产安全，城市燃气的生产、储存、输配、经营、使用以及燃气工程的设计、施工和燃气用具的生产，均应依法进行。根据国务院规定的职责分工和有关法律、法规的规定，建设部负责管理全国城市燃气的安全工作，劳动部负责全国城市燃气的安全监察，公安部负责全国城市燃气的消防监督。县级以上地方人民政府城建、劳动（安全监察）、公安（消防监督）部门按照同级人民政府规定的职责分工，共同负责本行政区域的城市燃气安全监督管理工作。

城市燃气的生产、储存、输配、经营和使用，必须贯彻"安全第一、预防为主"的方针，高度重视燃气安全工作。城市燃气生产、储存、输配、经营单位应当指定一名企业负责人主管燃气安全工作，并设立相应的安全管理机构，配备专职安全管理人员；车间班组应当设立群众性安全组织和安全员，形成三级安全管理网络。单位用户应当确立相应的安全管理机构，明确专人负责。城市燃气生产、储存、输配、经营单位应当严格遵守有关安全规定及技术操作规程，建立健全相应的安全管理规章制度，并严格执行。

6.3.3 城市供电、通信管理

1. 城市供电管理

城市供电是指电网企业中的配电、售电环节，将电力分配给用户，并直接为用户

提供电力服务。1983年8月水利电力部发布的《全国供用电规则》，对城市供电作了具体规定：

（1）按照国家标准，供电局供电周率为交流50r/s。供电额定电压：一是低压供电（单相为220V，三相为380V）；二是高压供电（为10.35（63）kV、110kV、220kV、330kV、500kV）。除发电厂直配电压可采用3kV，6kV外，其他等级的电压应逐步过渡到上列额定电压。

（2）城市电网的建设与改造，应纳入城市建设与改造的统一规划。供电局与城建部门密切配合。以便于城建部门统一安排供电设施的用地、线路走廊、电缆隧道以及在城市大型建筑物内和建筑物群中预留区域配电室和营业网点的建筑面积。

对基建工地、农田水利、市政建设等临时用电或其他临时性用电，可供给临时电源。使用临时电源的用户不得对外转供，也不得转让给其他用户，如需改为正式用电，应按新装用电办理。

（3）用户的用电申请报装接电工作，由供电局用电管理部门受理，统一对外。用户新装或增加用电，均应向供电局办理用电申请手续。

（4）用户提出减少用电容量，供电局应根据用户所提的期限，保留其原容量，保留期限最长不得超过2年；用户办理暂停用电，全年不得超过2次，每次不得少于15天，累计不得超过6个月。

（5）用户变更用电性质、变更户名、减少用电容量、暂停或停止用电、移动表位和迁移用电地址，均应事先向供电局办理手续。

（6）用户或建设单位需要迁移供电局的供电设施时，如供电局设施建设在先，由提出单位负担迁移所需的投资和材料；如提出单位设施建设在先，由供电局投资备料；不能确定先后者，由双方协商解决。如供电局需要迁移用户或其他单位的设施，按上述原则办理。

（7）供电局供电周率的允许偏差为：电网容量在300万kW及以上者，为0.2r/s；电网容量在300万kW以下者，为0.5r/s。

（8）在国家未颁布供电局供到用户受电端的电压变动幅度时，按以下规定执行。用户受电端的电压变动幅度不超过：35kV及以上供电和对电压质量有特殊要求的用户为额定电压的5%；10kV及以下高压供电和低压电力用户为额定电压7%；低压照明用户为额定电压的5%～10%。供电局应定期对用户受电端的电压进行测定和调查，发现电压变动超过上列范围时，供电局和用户都应积极采取措施，予以改善。

（9）供电局不再实行包灯供电，现有包灯用户应改为按实际用电量计费。供电局按照国家电价分类对用户不同的受电点和不同用电类别的用电，分别安装计费电度表。每组电度表作为一个计费单位。难以分装计费电度表时，经双方协商可用其他办法解决。

计费电度表及其附件的购置、安装、移动、更换、校验、拆除、加封、启封等，均由供电局负责办理。

（10）居民用电应安装电度表，按实际用电量交费。临时用电的用户，一般应装计费电度表计费。对未装计费电度表者，应按用电设备容量、使用时间、用电类别计收电费。

2. 城市通信管理

（1）电话管理。1986年11月20日邮电部发布了《关于进入公用电话网的电话机使用和管理的暂行规定》。为进入公用电话网的电话机使用和管理提供了法律依据。电话机是公用电话网的终端设备，也是电话通信系统的重要组成部分。为了保护全程全网的通信质量，需进一步加强对进网电话机的质量监督和管理。进网使用的电话机，必须符合国家标准及邮电部的有关规定，必须符合邮电部发布的电话自动交换网技术体制有关规定的要求。

1987年5月21日邮电部发布了《公众电信业务使用规则》，此规则1988年1月1日起实施。根据《公众电信业务使用规则》第6条规定，"电话业务分为：国内长途电话业务；国际电话业务；长途自动电话业务；市内电话业务；农村电话业务；会议电话业务；移动通信业务"。

（2）电报业务管理。根据《公众电信业务使用规则》第14条规定，"电报业务是用电信信号传递文字、图表、相片、文件等信息的一种电信业务。电报业务分为：国内电报业务、国际电报业务、用户电报业务、传真电报业务、船舶电报业务"。

根据《公众电信业务使用规则》第297条规定，"用户需要在普通电话线路上加装传真设备使用'用户传真'业务，应向当地邮电局提出书面申请，说明装用的传真机程式、用途及有关的技术指标，办理装机和使用手续"。

根据《公众电信业务使用规则》第299条规定，"用户传真机移机、拆机、改接其他电话线路上或者市内电话更名、过户，均应按规定办理移机、拆机和更改手续。用户不得私自装设和移动传真机、私自变更核准的输出电压，如发现上述情况，邮电局有权制止并按有关规定处理"。

6.3.4 城市公共交通管理

1. 城市公共交通的概念和管理机关

城市公共交通是由公共汽车、电车、轨道交通、出租汽车、轮渡等交通方式组成的公共客运交通系统，是重要的城市基础设施，是关系到国计民生的社会公益事业。

城市公共交通应当遵循统筹规划、政府主导、积极扶持、有序竞争、方便群众的原则。

国务院建设主管部门负责全国城市公共交通的监督管理工作。省、自治区人民政府建设主管部门负责本行政区域内的城市公共交通的监督管理工作。城市人民政府公共交通主管部门负责本行政区域内的城市公共交通的监督管理工作。出租汽车由城市

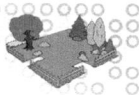

人民政府负责管理，具体管理部门由城市人民政府确定。

2. 城市公共交通管理的主要措施

（1）通过经济、法律和行政手段来规范城市公共交通市场，建立和完善平等竞争、规则健全的统一市场。

（2）要充分发挥公共交通运量大、价格低廉的优势，引导群众选择公共交通作为主要出行方式，确立公共汽车、电车、地铁、轻轨、轮渡企业在城市公共交通中的主体和骨干作用。

（3）保证公共交通车辆对优先车道的使用权和优先通行信号系统的正常运转，提高公共交通车辆的运行速度和准点率。

（4）改革投融资体制。要按照市政公用事业改革的总体要求，鼓励社会资本包括境外资本以合资、合作或委托经营等方式参与公共交通投资、建设和经营。鼓励和支持公共交通企业采取盘活现有资产、改制上市等方式筹集资金。

（5）推行特许经营制度。有序开放公共交通市场，实行特许经营制度，形成国有主导、多方参与、规模经营、有序竞争的格局。也要防止片面追求经济收益、盲目拍卖出让公共交通线路和设施的经营权。

（6）加强市场监管。城市公共交通行政主管部门要加强对公共交通企业经营和服务质量的监管，规范经营行为，依法查处非法营运、妨碍公共交通正常运行、危害公共交通安全等行为。要逐步推行等级服务评定制度，开展文明线路创建活动，加强行业自律，促进企业不断提高自身素质。

6.4 城市市容和环境卫生管理法规

6.4.1 城市市容和环境卫生管理的意义和原则

1. 城市市容和环境卫生管理的意义

城市市容和环境卫生管理是城市管理的重要组成部分，其重要意义体现在以下几点：

（1）是城市文明程度和综合竞争力的重要体现。城市市容和环境卫生管理工作是维持城市正常运转的一项基础性公众管理工作。城市市容环卫管理的成效直接表现为城市的形象，其工作水平反映了政府的管理能力，体现了城市文明发展的程度和综合竞争力。做好城市市容环卫管理工作，对于发挥和提升城市的整体功能、提高人民群众生活质量，具有十分重要的意义。

（2）促进城市社会主义物质文明和精神文明建设。清洁、优美的城市环境，可以提高人们的工作效率，促进社会经济的可持续发展和社会文明的进步；可以改善人的精神面貌和生活方式；可以改变、破除某些人的旧习惯、旧风俗，促进城市社会主义精神文明的建设。同时，物质文明和精神文明的提高是搞好城市市容和环境卫生工作的基础，伴随着社会生产力的发展和人民物质生活水平的提高，必然要求有一个与之相适应的城市容貌和环境卫生。

2. 城市市容和环境卫生管理的原则

《城市市容和环境卫生管理条例》第 3 条规定，"城市市容和环境卫生工作，实行统一领导、分区负责、专业人员管理与群众管理相结合的原则"。

所谓"统一领导"，即由国务院城市建设行政主管部门主管全国城市市容和环境卫生工作。省、自治区人民政府城市建设行政主管部门负责本行政区域的城市市容和环境卫生管理工作。城市人民政府市容和环境卫生行政主管部门负责本行政区域内的城市市容和环境卫生工作。所谓"分区负责"，即是分地区负责。

城市市容和环境卫生管理涉及到城市的每一个居民，必须采取专业人员管理与群众管理相结合的原则。城市人民政府应当重视市容和环境卫生管理专业人员的培养和发展，结合本地的实际情况，积极推行环境卫生用工制度的改革，并采取措施，逐步提高环境卫生工作人员的工资福利待遇。另外，随着城市市容和环境卫生先进技术的采用和推广，对专业人员的管理水平也提出了更高的要求。同时，城市人民政府应当加强城市市容和环境卫生科学知识的宣传，提高公民的环境卫生意识，养成良好的卫生习惯，增强群众管理的能力。

6.4.2 城市市容和环境卫生管理的具体规定

1. 城市市容管理的规定

（1）建筑物和城市设施的市容管理。城市中的建筑物和设施，应当符合国家规定的城市容貌标准。1999 年 6 月 4 日建设部发布实施的城镇建设行业标准《城市容貌标准》要求，"新建、扩建、改建一切建筑物，应当讲究建筑艺术，注意美观，其造型、装饰应当与周围环境相协调。现有的建筑物，应保持外形完好、整洁，不得擅自在阳台、平台、外走廊搭建挂台、雨棚等；临街阳台上不得吊挂杂物，堆放物品不得超过护栏高度；外挑阳台不得擅自封闭"。

城市中的市政公用设施，应当与周围环境相协调，例如：新建架空管线设施，应当避免跨越道路上空架设，避免因架空管线影响城市的景观；交通信号灯、噪声监测器、照明设施、电信设施等应当标志明显、整洁美观。

建筑物和城市设施的市容管理应始于城市规划阶段。《城市规划法》规定，"编制城市规划应加强城市绿化建设和市容环境卫生建设。保护历史文化遗产、城市传统风貌、地方特色和自然景观"。

对外开放城市、风景旅游城市和有条件的其他城市，可以结合本地具体情况，制定严于国家规定的城市容貌标准；建制镇可以参照国家规定的城市容貌标准执行。

（2）户外广告等的市容管理。大型户外广告的设置必须征得城市人民政府市容

环境卫生行政主管部门同意后，按照有关规定办理审批手续。市容环境卫生主管部门应当对大型广告牌设置的地点、位置、造型等是否影响城市容貌进行审查，以保证大型广告牌的设置不影响城市的容貌。户外广告、标语牌、画廊、橱窗等，应当内容健康、外型美观，并定期维修、油饰或者拆除。

有下列情形之一的，不得设置户外广告：

1）利用交通安全设施、交通标志的。

2）影响市政公共设施、交通安全设施、交通标志使用的。

3）妨碍生产或者人民生活、损害市容市貌的。

4）国家机关、文物保护单位和名胜风景点的建筑控制地带。

5）当地县级以上地方人民政府禁止设置户外广告的区域。

（3）街道两侧和公共场地的市容管理。主要街道两侧的建筑物前，应当根据需要与可能，选用透景、半透景的围墙、栅栏或者绿篱、花坛（池）、草坪等作为分界。临街树木、绿篱、花坛（池）、草坪等，应当保持整洁、美观。栽培、整修或者其他作业留下的渣土、枝叶等，管理单位、个人或者作业者应当及时清除。

任何单位和个人都不得在街道两侧和公共场地堆放物料、搭建建筑物、构筑物或者其他设施。因建设等特殊需要，在街道两侧和公共场地临时堆放物料、搭建非永久性建筑物、构筑物或者其他设施的，必须征得城市人民政府市容环境卫生行政主管部门同意后，按照有关规定办理审批手续。

（4）交通运输工具的市容管理。在城市运行的交通运输工具，应当保持外型完好、整洁。车况严重破损，车容不洁的，不得在市区行驶。

车辆运输液体、散体物料及废弃物，应当密封、包扎、覆盖，实行密闭化运输，不得沿路泄漏、遗撒。货运机动车不准人、货混载，遵守这方面的规定，既是市容管理的需要，同时也涉及交通安全问题。

（5）工程施工现场的市容管理。工程施工现场管理好坏对市容有很大的影响。施工现场的材料、机具应当堆放整齐，渣土应当及时清运；临街工地应当设置护栏或者围布遮挡；停工场地应当及时整理并作必要的覆盖；竣工后，应当及时清理和平整场地。

运输建筑垃圾、工程渣土的车辆应随车携带《建筑垃圾、工程渣土处置证》，并做到密闭、覆盖，不得沿途抛、洒、漏，车辆车轮不得带泥行驶污染路面。

建设部1991年12月5日发布的《建筑工程施工现场管理规定》对此有较为具体的规定，"项目经理全面负责施工过程中的现场管理，建立施工现场管理责任制；施工应当在批准的施工场地内组织进行；施工单位应该保证施工现场道路畅通，排水系统处于良好的使用状态；保持场容场貌的整洁，随时清理建筑垃圾；在车辆、行人通行的地方施工，应当设置沟井坎穴覆盖物和施工标志"。

2. 城市环境卫生管理的规定

（1）城市环境卫生设施的建设和设置。城市中的环境卫生设施，应当符合国家规定的城市环境卫生标准。环境卫生设施包括楼内垃圾道、楼外化粪池、垃圾站、公共厕所、小区环卫专用车辆停放场地和工人休息室。城市规划和设计部门，要把环境卫生设施列入规划，积极支持环卫设施的建设。在城市总体规划中，应当安排环境卫生专用车辆场、废弃物转运设施、无害化处理场和填埋用地。在详细规划中，则应当根据国家规定建设公共厕所、垃圾站、市容环境卫生工作用房。

一切单位和个人都不得擅自拆除环境卫生设施；因建设需要必须拆除的，建设单位必须事先提出拆迁方案，报城市人民政府市容环境卫生行政主管部门批准。

（2）公共厕所的管理。城市公共厕所是指供城市居民和流动人口共同使用的厕所，包括公共建筑（如车站、码头、商店、饭店、影剧院、体育场馆、展览馆、办公楼等）附设的公厕。对公共厕所的管理主要依据《城市市容和环境卫生管理条例》和《城市公厕管理办法》进行。

1）城市公厕的规划。城市公厕应当按照"全面规划、合理布局、改建并重、卫生适用、方便群众、水厕为主、有利排运"的原则，依照《城市公共厕所规划和设计标准》及《公共建筑设计规范》进行规划建设。

下列城市公共场所应当设置公厕，并应当设立明显的标志或指路牌：广场和主要交通干道两侧；车站、码头、展览馆等公共建筑物附近。

2）城市公厕的建设和维修管理。城市人民政府市容环境卫生行政主管部门应按照规定的标准建设、改造或者支持有关单位建设、改造公共厕所。公厕的建设和维修管理，按照下列分工，分别由城市环境卫生单位和有关单位负责：城市主次干道两侧的公厕由城市人民政府环境卫生行政主管部门指定的管理单位负责；城市各类集贸市场的公厕由集贸市场经营管理单位负责；新建、改建居民楼群和住宅小区的公厕由其主管部门或经营管理单位负责；风景名胜、旅游点的公厕由其主管部门或经营管理单位负责；公共建筑附设的公厕由产权单位负责。

3）城市公厕的保洁和使用管理。城市人民政府市容环境卫生行政主管部门，应当配备专业人员或者委托有关单位和个人负责公共厕所的保洁和管理；有关单位和个人也可以承包公共厕所的保洁和管理。对公厕负有保洁和使用管理责任的单位也可与城市环境卫生单位商签协议，委托代管。

城市公厕的保洁，应当逐步做到规范化、标准化，保持公厕的清洁、卫生和设备、设施完好。城市人民政府环境卫生行政主管部门应当对公厕的卫生及设备、设施等进行检查，对于不符合规定的，应当予以纠正。

（3）公共场所和主要街道、广场、公共水域的环境卫生管理。公共场所和主要街道、广场、公共水域等的环境卫生管理，主要依据《城市市容和环境卫生管理条例》以及《城市道路和公共场所清扫保洁管理办法》等进行。

公共场所、主要街道、广场、公共水域等涉及的单位多、人员杂，国家为此规定了环境卫生责任制：按国家行政建制设立的主要街道、广场和公共水域的环境卫生，

由环境卫生专业单位负责；居住区、街巷等地方由街道办事处负责组织专人清扫保洁；飞机场、火车站、公共汽车始末站、港口、影剧院、博物馆、展览馆、纪念馆、体育馆（场）和公园等公共场所，由本单位负责清扫保洁；机关、团体、部队、企事业单位，应当按照城市人民政府市容环境卫生行政主管部门划分的卫生责任区负责清扫保洁；城市集贸市场，由主管部门（工商行政管理部门）负责组织专人清扫保洁；各种摊点，由从业者负责清扫保洁；城市港口客货码头作业范围内的水面，由港口客货码头经营单位责成作业者清理保洁；在市区水域行驶或者停泊的各类船舶上的垃圾、粪便，由船上负责人依照规定处理。

（4）生活废弃物的收集、运输和处理。生活废弃物即生活垃圾，是指城市中的单位和居民在日常生活及为生活服务中产生的废弃物，以及建筑施工活动中产生的垃圾。加强对生活废弃物的管理，主要是依据《城市生活垃圾管理办法》进行。城市人民政府市容环境卫生行政主管部门对城市生活废弃物的收集、运输和处理实施监督管理。

1）城市生活垃圾的倾倒。对城市生活废弃物应当逐步做到分类收集、运输和处理。在城市生活垃圾实行分类、袋装收集的地区，应当按当地规定的分类要求，将生活垃圾装入相应的垃圾袋内投入垃圾容器或者指定的生活垃圾场所。废旧家具等大件废弃物应当按规定时间投放在指定的收集场所，不得随意投放。

单位处理产生的生活垃圾，必须向城市市容环境卫生行政主管部门申报，按批准指定的地点存放、处理，不得任意倾倒。无力运输、处理的，可以委托城市市容环境卫生管理单位运输、处理。

2）城市生活垃圾的无害化处理和综合利用。对垃圾、粪便应当及时清运，并逐步做到垃圾、粪便的无害化处理和综合利用。

国家鼓励发展城市生活垃圾的回收利用，逐步实行城市生活垃圾治理的无害化、资源化和减量化。

3）城市生活垃圾存放、运输的设施、车辆。存放生活垃圾的设施、容器必须保持完好，外观和周围环境应当整洁。未经城市市容环境卫生行政主管部门批准，任何单位和个人不得任意搬动、拆除、封闭和损坏。

生活垃圾运输车辆必须做到密闭化，经常清洗，保持整洁、卫生和完好状态。城市生活垃圾在运输途中，不得扬、撒、遗漏。

（5）环境卫生管理的社会化服务。《城市市容和环境卫生管理条例》规定，"环境卫生管理应当逐步实行社会化服务"。这是在市场经济条件下，社会分工专业化、社会化的必然趋势。2006年1月20日颁布的《中国城乡环境卫生体系建设》中提到环境卫生管理的社会参与体系：

1）推进社会管理体制和管理机制创新。社会单位和公众的广泛参与，是现代城乡管理的基本要求，既是环境卫生管理的基本目标，也是环境卫生体系建设的重要内容。要充分发挥地方各级政府和基层居民委员会、村委会在社区、村庄环境卫生管理和建设中的自主作用。发挥环境卫生相关行业协会在参与环境卫生体系建设中的骨干作用，并承担相关的协调、沟通职能。引导社会公众对环境卫生管理参与的积极性，支持各类环境卫生志愿者组织的活动，并提供必要的帮助。

2）通过社会单位和公众参与政策制定、价格听证、规划公示、污染监督、权益维护等形式，实现环境卫生管理的民主化、决策的科学化。

3）制定社会性考核标准，实现公众参与环境卫生管理目标的具体化、标准化，并把这项工作同人居环境奖、园林城市、生态城市创建以及文明社区建设、爱国卫生运动等群众性的活动结合起来。

4）组织发动新闻媒体进行宣传教育和舆论监督。加强社会宣传教育工作，充分利用互联网、各类新闻媒体开展环境卫生宣传教育，提高全民环境卫生意识。各地建设的技术先进、运营良好的大型环境卫生基础设施，可作为教育基地向公众开放。要认真组织好与环境卫生有关的世界性主题日活动。把环境卫生教育纳入中、小学的基础教育课程。

6.4.3 违反城市市容和环境卫生管理行为的法律责任

违反城市市容和环境卫生管理的行为应承担的法律责任主要是行政责任，如构成犯罪的，则应承担刑事责任。对违反城市市容和环境卫生管理的行为进行行政处罚时，应根据不同的具体情况分别进行处理。

（1）责令纠正违法行为、采取补救措施，并处警告、罚款。有下列行为之一的，城市人民政府市容环境卫生行政主管部门或者其委托的单位除责令其纠正违法行为、采取补救措施外，可以并处警告、罚款：

1）随地吐痰、便溺、乱扔果皮、纸屑和烟头等废弃物的。

2）在城市建筑物、设施以及树木上涂写、刻画或者未经批准张挂、张贴宣传品等的。

3）在城市人民政府规定的街道的临街建筑物的阳台和窗外，堆放、吊挂有碍市容的物品的。

4）不按规定的时间、地点、方式，倾倒垃圾、粪便的。

5）不履行卫生责任区清扫保洁义务或者不按规定清运、处理垃圾和粪便的。

6）运输液体、散装货物不作密封、包扎、覆盖，造成泄漏、遗撒的。

7）临街工地不设置护栏或者不作遮挡、停工场地不及时整理并作必要覆盖或者竣工后不及时清理和平整场地，影响市容和环境卫生的。

（2）责令限期处理，可并处罚款。未经批准擅自饲养家畜家禽影响市容和环境卫生的，由城市人民政府市容环境卫生行政主管部门或者其委托的单位，责令其限期处理或者予以没收，并可处以罚款。

（3）责令停止违法行为，限期清理、拆除或者采取其他补救措施，可并处罚款。对下列行为，可责令其停止违法行为，限期清理、拆除或者采取其他补救措施，可并处罚款：

1）未经同意擅自设置大型户外广告，影响市容的。

2）未经城市人民政府市容环境卫生行政主管部门批准，擅自在街道两侧和公共场地堆放物料、搭建建筑物、构筑物或者其他设施，影响市容的。

3）未经批准擅自拆除环境卫生设施或者未按批准的拆迁方案进行拆迁的。

凡不符合城市容貌标准、环境卫生标准的建筑物或者设施，由城市人民市容环境卫生行政主管部门会同城市规划行政主管部门，责令有关单位和个人限期改造或者拆除；逾期未改造或者未拆除的，经县级以上人民政府批准，由城市人民政府市容环境卫生行政主管部门或者城市规划行政主管部门组织强制拆除，并可处以罚款。

（4）责令其恢复原状，可并处罚款。损坏各类环境卫生设施及其附属设施的，城市人民政府市容环境卫生行政主管部门或者其委托的单位除责令其恢复原状外，可以并处罚款。

（5）治安处罚、行政处分和刑事责任。盗窃、损坏各类环境卫生设施及其附属设施，应当给予治安管理处罚的，依照《治安管理处罚条例》的规定处罚；构成犯罪的，依法追究刑事责任。

侮辱、殴打市容和环境卫生工作人员或者阻挠其执行公务的，依照《治安管理处罚条例》的规定处罚；构成犯罪的，依法追究刑事责任。

城市人民政府市容环境卫生行政主管部门工作人员玩忽职守、滥用职权、徇私舞弊的，由其所在单位或者上级主管机关给予行政处分；构成犯罪的，依法追究刑事责任。

6.5　案例分析

案例一

1. 案情简介

2004 年 9 月中旬，杭州某广告喷绘有限公司未经有关行政主管部门审批，擅自在萧山区城厢街道开元美食娱乐城北侧面向体育路墙面和西侧面向大弄墙面上设置大型户外广告两块，这两块大型户外广告以钢结构组成，外面包覆广告布，均长为 10m，宽 20.8m，共计面积 416m²，广告内容主要用于宣传杭州某房地产有限公司的房产。2004 年 10 月 9 日，经执法人员依职权巡查发现，有《现场检查勘查笔录》、《现场勘查照片》、《询问笔录》等证实该违法设置大型户外广告行为的事实。

2. 处理结果

当事人的行为违反了《浙江省城市市容和环境卫生管理实施办法》第 16 条之规

定，根据《浙江省城市市容和环境卫生管理实施办法》第39条第（一）项之规定，决定对当事人杭州某广告喷绘有限公司处以人民币1000元罚款的行政处罚。

3. 本案评析

根据《浙江省城市市容和环境卫生管理实施办法》第16条规定，"大型户外广告的设置，必须征得县级以上人民政府市容环卫行政管理部门或其委托单位同意后，按照有关规定办理审批手续"。在本案中，当事人杭州某广告喷绘有限公司未能提供设置大型户外广告的批准手续，当然被认定为非法设置户外大型广告。

广告，是指商品经营者或者服务提供者承担费用，通过一定媒介和形式直接或者间接地介绍自己所推销的商品或者所提供的服务的商业广告。本案当事人在城市建筑物外墙未经批准，擅自设置两块分别长为10m，宽20.8m，共计面积416m²的大型商业广告，根据《城市容貌标准》的建筑景观部分第2条："现有的建筑物，应保持外形完好、整洁"，及广告标志部分第1条："户外广告、霓虹灯等位置设置应适当，内容和规格应与街景协调，并保持完好、整齐、美观"。本案当事人设置的大型户外广告不仅破坏了城市建筑物的外形，而且也破坏了广告与街景的协调性，严重影响了市容市貌。

综上所述，本案违法事实清楚，法律依据充分，当事人违法设置户外大型广告情节比较严重，据此，根据《浙江省城市市容和环境卫生管理实施办法》第39条第（一）项规定，"未经同意，擅自设置大型户外广告，影响市容的，处以500至5000元的罚款"。因此决定对当事人杭州某广告喷绘有限公司处以人民币1000元罚款的行政处罚，是合法、合理的。

案例二

1. 案情简介

某市政工程队一施工组，疏通某段马路下堵塞的下水管道，将路旁人行通道挖坑1处（宽、深各1.5公尺）。当天施工未完，晚班收工时忘加覆盖、防围等，也没有悬挂红灯标志，致使夜里行人跌入坑内，左脚挫伤。以公安机关裁定，对失职的施工组长予以警告处罚，并责令该工程队担负受害人医治伤脚的费用。

2. 本案评析

《中华人民共和国治安管理处罚条例》第21条第三款规定，"在车辆、行人通行的地方施工，对沟井坎穴不设覆盖物、标志、防围的，处200元以下罚款或者警告"。《城市市容和环境卫生管理条例》第16条规定，"城市的工程施工现场的材料、机具应当堆放整齐，渣土应当及时清运；临街工地应当设置护栏或者围布遮挡；停工场地应当及时整理并作必要的覆盖；竣工后，应当及时清理和平整场地"。该市政工程队施工组，忽视公共安全，违反施工作业的有关规定，危害行路人安全，所以公安机关所给予的治安处罚，是正确无疑的。这对教育事故责任者本人及其他有关人员，都是必要的。

案例三

1. 案情简介

某监狱警卫人员张某，为了自家安全，在住宅墙上私自架设电网，并不定时通电。一日邻居刘家小孩扒墙被电击倒，经月余时间的治疗才恢复健康。因此，张某被刘家以私设电网殃及邻居为由告发，经公安部门查讯核实后，予以罚款处罚，并令其拆除所架电网，赔偿受害人的经济损失。

2. 本案评析

水利电力部、公安部《严禁在农村安装电网的通行》（1993 年 9 月 23 日）中规定，"凡安装电网者，必须将安装的地点、理由、并附有安装电网的四邻距离以及使用电压等级和采取的预防误触电措施等有关资料，向所在地县（市）公安局申报，经过审查批准，方可安装"。《中华人民共和国治安管理处罚条例》第 21 条第二款规定，"未经批准，安装、使用电网的，或者安装、使用电网不符合安全规定，尚未造成严重后果的，处 200 元以下罚款或者警告"。张某身为劳改部门公职人员，无视用电有关法规，为了自家安全而殃及他人，实属违反治安管理的行为，所以受到了应有的惩罚。

思考练习

1. 城市市政公用事业包括哪些行业？

2. 市政工程中的城市道路管理都包括哪些内容？

3. 简述城市供水的概念和意义。

4. 简述城市集中供热的概念和方针。

5. 城市市容和环境卫生管理的原则是什么？

6. 关于户外广告等的市容管理有哪些规定？

7. 简述公共场所和主要街道、广场、公共水域的环境卫生管理。

8. 违反城市市容和环境卫生管理行为的法律责任是如何规定的？

第 7 章　森林法规和公园管理法规

[教学要求]
- 了解森林法的立法概况和有关规定。
- 了解公园管理法的有关规定。

[知识要点]
- 我国植树造林的方针。
- 违反森林法的法律责任。
- 综合性公园的指标和管理。
- 森林公园的概念以及森林旅游的安全管理措施。

7.1　森林法规

7.1.1　森林法规的立法

1. 立法概况

森林法是调整人们从事森林、林木的培育种植、采伐利用和森林、林木、林地的经营管理活动中所发生的各种经济关系的法律规范的总称。制定森林法是为了保护、培育和合理利用森林资源，加快国土绿化，发挥森林蓄水、保土、调节气候、改善环境和提供林产品的作用，以适应社会主义建设和人们生活的需要。

我国于 1984 年 9 月 20 日第六届全国人民代表大会常务委员会第七次会议通过了《中华人民共和国森林法》（以下简称《森林法》），1998 年 4 月 29 日第九届全国人民代表大会常务委员会第二次会议通过了《全国人民代表大会常务委员会关于修改〈中华人民共和国森林法〉的决定》，自 1998 年 7 月 1 日起施行。2000 年 1 月 29 日国务院 278 号令颁布了《中华人民共和国森林法实施条例》。此外，与之相关的法律还有国务院于 1989 年 12 月颁布的《森林病虫害防治条例》，把森林病虫害防治工作纳入了法制轨道，使森林保护工作走向规范化和制度化。1988 年 3 月 15 日实施的《森林防火条例》，对有效预防和扑救森林火灾，保护森林资源，促进林业发展，维护自然生态平衡起到了积极作用。

这些法规吸取了党和政府有关林业的重要政策规定，总结了各地保护、管理、培育和合理利用森林资源的经验和教训，充分反映了林业在保护和建设生态环境方面的主导地位，充分体现了新时期要求完善林业法制建设、依法治林、依法兴林的迫切愿望，是有效地保护、培育和发展森林资源，鼓励和调动全社会植树造林、绿化国土、

改善生态环境、促进林业快速发展的强有力的法律武器。

2. 森林法的基本原则

（1）以植树造林、培育森林、恢复森林为首的原则。森林法强调加强植树造林、搞好封山育林、保护好天然林，严格控制森林采伐量，特别是禁止采伐天然林，鼓励广大群众造林、育林的积极性，减轻农民负担，保护承包造林者的合法权益。

（2）稳定森林、林木、林地的权属，并允许其使用权可依法转让的原则。森林法以法律形式明确规定，"国家和集体所有的森林、林木和林地，个人所有的林木和使用的林地可由县级以上地方人民政府登记造册，发放证书，确认所有权或者使用权"。把稳定林权问题以法律形式固定下来，更能充分调动单位和个人造林、护林的积极性，有效地制止侵犯国家、集体和个人林权的行为，更有利林业的发展。

森林法还对森林、林木、林地的使用权转让作了规定，"用材林、经济林、薪炭林等森林、林木及其林地使用权可以依法转让，还可作为合资、合作造林、经营林木的出资或者合作条件，并明确规定，不得改为非林地。勘查、开采矿藏和各项工程征用或占用林地，必须经县级以上人民政府林业主管部门审核同意，并由用地单位按有关规定缴纳森林植被恢复费"。这非常有利于促进林业产权的流转，调动社会各行各业投资造林、育林的积极性，加大对森林资源的保护、管理，也会更好地促进林业的改革和发展，适应市场经济体制下林业的实际需要。

（3）实行森林生态效益补偿的原则。森林法以法律形式明确了设立森林生态效益补偿基金。用于提供生态效益的防护林和特种用途林的造林、抚育、保护和管理，这对进一步实现森林分类经营具有重要的作用。

（4）保护珍贵树种资源、保护生物多样性的原则。森林法规定国家禁止、限制珍贵树木及其制品出口，如果出口必须经出口人所在地省、自治区、直辖市人民政府林业主管部门审核，报国务院林业主管部门批准，海关凭批准文件放行。如果出口属于我国参加国际公约限制进出口的树木或者其制品、衍生物，必须向国家濒危物种进出口管理机构申请办理允许进出口证明书，海关凭此证明书放行。

（5）依法治林的原则。森林法体现了依法治林的指导原则，提出了运用法律手段严厉打击破坏森林资源的违法犯罪行为，森林法明确规定，"森林公安机关（即林业公安机关）负责维护辖区的社会治安秩序，保护辖区内森林资源，并可在国务院林业主管部门的授权范围内代行盗伐或者滥伐森林、买卖林木采伐许可证等批准文书的行政处罚权"。

7.1.2　植树造林的有关规定

1. 植树造林的方针

（1）制定植树造林规划，组织群众广泛参与。《森林法》第22条规定，"各级人民政府应当制定植树造林规划，因地制宜地确定本地区提高森林覆盖率的奋斗目标"。植树造林绿化祖国、增加森林资源、提高森林覆盖率是一项长期的历史性任务。也是加强我国生态建设改善生态环境的重大战略举措，是功在当代利在千秋的伟大事业。同时，这项活动又具有广泛的社会性。需要各行各业和全体人民的共同参与。第五届全国人民代表大会第四次会议《关于开展全民义务植树运动的决议》中规定，"凡是条件具备的地方，年满11岁的中华人民共和国公民，除老弱病残者外，因地制宜，每人每年义务植树3~5棵，或者完成相应劳动量的育苗、管护和其他绿化任务"。因此，各级人民政府制订植树造林规划以后，还要积极组织和动员各行各业和广大人民群众参加植树造林。

（2）明确造林范围，落实造林责任。《森林法》明确规定了，"属于国家所有的宜林荒山荒地，由林业主管部门和其他主管部门组织造林，属于集体所有的宜林荒山荒地，由集体经济组织组织造林。对于这些宜林荒山荒地，不论是国家所有还是集体所有都可以由集体或个人承包造林，国家保护承包造林者依法享有的林木所有权和其他合法权益。未经发包方和承包方协商一致，不得随意变更或解除承包造林合同"。同时还规定，"铁路公路两旁、江河两侧、湖泊水库周围，由各有关主管单位因地制宜地组织造林；工矿区、机关、学校用地、部队营区以及农场、牧场、渔场经营地区，由各该单位负责造林"。责任单位的造林绿化任务，由所在地的县级人民政府下达责任通知书予以确认和组织检查验收。

（3）明确林木所有权，合理分配植树造林的收益。为了鼓励植树造林，充分调动单位和个人的积极性，按照谁造谁有的原则，《森林法》对植树造林的林木所有权和收益分配作出了明确规定，"国有企事业单位、机关、团体、部队营造的林木由营造单位负责经营管理，可按国家有关规定支配林木收益，但林木的所有权归国家所有；集体所有制单位营造的林木，归该单位所有，享有依法获得收益和处分的权利；农村居民在房前屋后、自留地、自留山种植的林木以及城镇居民和职工在自有房屋的庭院内种植的林木，归个人所有；承包宜林荒山荒地造林的，承包种植的林木归承包者所有，承包合同另有规定的，按承包合同规定执行"。

（4）因地制宜封山育林。各地在积极开展人工造林的同时，还应因地制宜大力开展封山育林，在天然更新能力强的疏林地、造林不易成活的荒山荒地、幼林地及有可能天然恢复植被的荒山荒地，可以实行定期封山、禁牧、禁止开荒、砍柴，实行封闭式管理，使森林植被尽快得到恢复，改善生态环境。

2. 植树造林的法律责任

根据《中华人民共和国森林法实施条例》第42条的规定，有下列情形之一的，由县级以上人民政府林业主管部门责令限期完成造林任务；逾期未完成的，可以处应完成而未完成造林任务所需费用2倍以上的罚款；对直接负责的主管人员和其他直接责任人员，依法给予行政处分：

（1）连续两年未完成更新造林任务的。

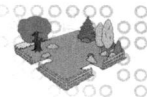

（2）当年更新造林面积未达到应更新造林面积 50% 的。

（3）除国家特别规定的干旱、半干旱地区外，更新造林当年成活率未达到 85% 的。

（4）植树造林责任单位未按照所在地县级人民政府的要求按时完成造林任务的。

7.1.3　病虫害防治的有关规定

1. 病虫害防治的意义

森林病虫害防治是指对森林植物病虫害的预防和除治。我国的森林病虫害种类多、发生面积大、损失严重，是林业发展的大敌，被叫做"不冒烟的森林火灾"。因此，加强森林病虫害的防治和除治工作，对于减少森林资源损失、巩固造林绿化成果、保护森林资源、改善生态环境、促进国民经济和社会可持续发展有重要意义。

2. 病虫害防治的方针

《森林病虫害防治条例》中明确提出了"预防为主，综合治理"的方针。"预防为主"就是要从维护森林生态环境的观点出发，从造林规划设计开始，在林业生产的各个环节上采取预防措施，实行科学管理。切实做到良种壮苗，适地适树，大力营造混交林和封山育林。要注意保护生物的多样性，维护好森林的生态平衡，充分发挥生物的调控作用，提高森林自身抵御病虫害的能力，以达到森林有害生物可持续控制的目的。"综合治理"就是充分利用病虫和森林生态环境的辩证关系，以预防为主，以林业防治技术措施为基础，以森林植物检疫为重要手段，发展森林生物群落中不利于病虫而有利于林木健康成长的因素，因地制宜地、经济地运用生物、物理、化学等相辅相成的系统防治措施，把病虫控制在不成灾的水平，以达到保护环境和促进林木返生丰产的目的。

3. 病虫害防治的责任制度

（1）病虫害防治工作的责任制度。根据《森林法》和《森林病虫害防治条例》的有关规定，"地方各级人民政府负责制定有关森林病虫害防治的措施和制度；各级林业主管部门主管该项工作，并负责组织森林经营单位和个人进行预防和除治工作；各级林业主管部门所属的防治机构负责具体组织工作；区、乡林业工作站，负责组织本区、乡的森林病虫害防治工作。按'谁经营、谁防治'的责任制度，对防治不利或根本不予防治造成森林病虫害蔓延成灾的单位和个人，按情况责令其限期整治、赔偿损失或处以罚款；对防治工作成绩显著的，给予表扬或奖励"。

（2）病虫害的预测预报的规定。《森林病虫害防治条例》要求"中央、省（自治区、直辖市）、市（地）和县必须建立起四级测报网络，实行'分级管理，责任到人'和'专业测报与群众测报相结合'的办法。根据森林病虫害测报中心和测报点对测报对象的调查和监测情况，定期发布长期、中期、短期森林病虫害预报，并及时提出防治方案"。

（3）植物检疫的规定。森林植物检疫是预防森林植物免受某些危险病虫害的重要措施，也是贯彻"预防为主，综合治理"的有力保证。森林植物检疫是由国家或地方政府颁布法令，设立专门机构，采取一系列措施，对种子、苗木、其他繁殖材料及林木的调运与贸易进行管理，通过控制和检验，来防止危险性病虫及杂草传播蔓延的一种法制性措施。根据规定，国内森林植物检疫对象和应施检疫的森林植物和林产品名单，由国务院林业主管部门制定；各地林业主管部门可制定本地区的补充名单，报国务院林业主管部门备案。应施检疫的森林植物及其产品，包括林木种子、苗木和其他繁殖材料，乔木、灌木、竹类、花卉和其他森林植物，木材、药材、果品盆景和其他林产品。各级森林病虫害防治机构应依法对林木种苗和木材、竹材进行产地检疫和调运检疫。各口岸的植物检疫机构按国家有关进出境动植物检疫的法律规定，加强检疫工作。局部地区发生植物检疫对象的，应划定为疫区，采取措施，封锁消灭，防止植物检疫对象传出；发生地区已比较普遍的，则应将未发生地区划为保护区，防止植物检疫对象的传入。

(4) 病虫害预防除治的规定。《森林法》中规定，"森林经营者应当采取各种积极的措施进行预防。以营林措施为主，选用优良的种子和苗木，营造混交林，实行科学育林，结合生物防治、化学防治和物理防治等治理措施，改善森林的生态环境，提高防御森林病虫害的能力。发生森林病虫害时，有关部门、森林经营者应当采取综合防治措施，及时进行除治；发生严重森林病虫害时，当地人民政府应当采取紧急除治措施，防止蔓延，消除隐患。任何单位和个人，发现森林病虫害时，都应及时向有关部门报告。有关经营单位和个人也要按照法律、法规的规定履行除治义务"。

7.1.4 森林防火的有关规定

1. 各级人民政府行政领导的防火职责

森林防火是一项很严肃的行政性工作，它必须通过行政和法律手段贯彻实施国家的政策、法令及各级地方政府的法规、规定及规章，才能对森林防火工作实行强有力的管理。同时，森林防火工作又是一项涉及面广而又极其复杂的社会性工作，它涉及到各部门、各方面以及广大群众，需要得到全社会的关心和支持。因此，《森林法》和《森林防火条例》明确规定，"森林防火实行各级人民政府行政领导负责制，即负责森林防火工作的行政首长（省长、市长、县长、乡长）对所辖行政区的森林防火实行统一领导、统一组织、统一指挥。动员各部门各方面的力量，采取措施，积极预防和扑灭森林火灾。各级林业主管部门对森林防火负有重要责任，林区各单位都要在当地人民政府领导下，实行部门和领导负责制。地方各级森林防火指挥机构，是在当地政府和上一级森林防火指挥机构的领导下，代表同级人民政府行使职权，负责对森林防火工作进行组织、协调、检查、监督。县以上森林防火指挥机构都设有办公室，并配备专职人员，负责森林防火的日常工作"。同时也规定了"预防和扑救森林火灾，保护森林资源，是每个公民应尽的义务"。这就要求广大人民群众对森林防火负有一定的责任和义务，必须积极参与防火工作，实现群防群治。

2. 森林防火工作的方针

《森林防火条例》第 3 条规定，"森林防火的工作方针是'预防为主、积极消灭'"。这就要求人们必须把预防工作作为森林防火的"第一道工序"，贯穿于整个防火工作的全过程，采取一切可能的措施，力求不发生或少发生森林火灾，一旦发生了森林火灾，就必须动员一切力量、利用各种手段、采取各种措施积极扑灭，做到"扑早、扑小、扑了"，不留隐患。

3. 森林火灾预防和扑救的规定

（1）规定森林防火期和森林防火戒严期。地方人民政府可根据本地区的实际情况，规定森林防火期，在森林防火期内，禁止在林区野外用火；因特殊情况需要用火的，必须经县级人民政府或者其授权的机关批准。在森林防火期内出现高火险天气时，可以划定森林防火戒严区，规定森林防火戒严期，在戒严区内禁止一切野外用火。戒严期限一般在 30 天以下。

（2）在林区设置防火设施。林区的防火设施是预防、控制和扑救森林火灾的基础和保障，标志着森林防火能力的强弱，因此，必须要加强森林防火基础设施的建设，并且要与林区的开发建设和大面积造林结合起来，统一规划、合理布局、统一施工。严格按要求设置林火预测预报网、林火探测网、防火通信网、林火阻隔网等。各种森林防火设施包括：设置火情了望台、开设防火线（隔离带）、营造防火林带，修筑防火公路、修建防火物资储备库；配备防火交通运输工具、探火灭火器械和通信器械等；建立森林火险监测和预报站（点）。

（3）扑救森林火灾及其善后工作。预防和扑救森林火灾是任何单位和个人应尽的责任和义务。一旦发现森林火灾必须立即扑救，并及时向有关部门报告。发生森林火灾时当地人民政府或森林防火指挥部必须立即组织当地居民和有关部门扑救，同时将火情尽快逐级上报。扑救森林火灾时，气象、铁路、交通、民航、邮电、民政、公安以及商业、粮食、供销、物资、卫生等部门，必须服从领导和指挥，密切配合，全力支持做好气象预报、交通运输、防火通信、灾民安置、火案处理、物资供应及医疗救护等工作。尽快扑灭森林火灾，将损失减少到最低限度。对扑救森林火灾负伤、致残、牺牲的人员给予医疗、抚恤。

7.1.5　违反森林法的法律责任

1. 盗伐森林或其他林木的法律责任

盗伐森林或其他林木的，依法赔偿损失；由林业主管部门责令补种盗伐株数 10 倍的树木，没收盗伐的林木或者变卖所得，并处盗伐林木价值 3 ~ 10 倍的罚款。

盗伐森林或其他林木数量较大构成犯罪的，依照《刑法》第 345 条的规定，"数量较大的，处 3 年以下有期徒刑、拘役或者管制，并处或者单处罚金；数量巨大的，处 3 年以上 7 年以下有期徒刑，并处罚金；数量特别巨大的，处 7 年以上有期徒刑，并处罚金"。

2. 滥伐森林或其他林木的法律责任

滥伐森林或其他林木的，由林业主管部门责令补种滥伐株数 5 倍的树木，并处滥伐林木价值的 2～5 倍的罚款。

滥伐森林或其他林木数量较大构成犯罪的，依照《刑法》第 345 条规定，"数量较大的，处 3 年以下有期徒刑、拘役或者管制，并处或者单处罚金；数量巨大的，处 3 年以上 7 年以下有期徒刑，并处罚金"。

3. 非法采伐、毁坏珍贵树木的法律责任

"珍贵树木"是指省级以上林业主管部门或者其他主管部门确定的具有重大历史纪念意义、科研价值或者年代久远的古树名木，国家禁止、限制出口的珍贵树木以及列入国家重点保护野生植物名录的树木。

违反国家规定，非法采伐、毁坏珍贵树木或者国家重点保护的其他植物的，或者非法收购、运输、加工、出售珍贵树木或者国家重点保护的其他植物及其制品，依照《刑法》第 344 条的规定，"处 3 年以下有期徒刑、拘役或者管制，并处罚金；情节严重的，处 3 年以上 7 年以下有期徒刑，并处罚金"。

4. 滥发、买卖、伪造有关证件、文件的法律责任

这里所说的"有关证件、文件"是指林木采伐许可证、林木运输证件、批准出口文件和允许进出口证明书。这些证件、文件必须由法定主管部门按规定核发，不得滥发，更不得买卖、伪造。

滥发上述证件和文件的，由上一级人民政府林业主管部门责令纠正，对直接负责的主管人员和其他直接责任人员依法给予行政处分；有关人民政府林业主管部门未予纠正的，国务院林业主管部门可以直接处理。情节严重，致使森林遭受严重破坏，构成犯罪的，依照《刑法》第 407 条的规定，"处 3 年以下有期徒刑或拘役"。

买卖上述证件、文件的，林业主管部门没收违法买卖的证件、文件和违法所得。并处违法买卖证件、文件价款的 1～3 倍的罚款。情节严重的，构成非法经营罪，依照《刑法》第 225 条的规定，"情节严重的，处 5 年以下有期徒刑或者拘役，并处或者单处违法所得的 1～5 倍的罚金；情节特别严重的，处 5 年以上有期徒刑，并处违法所得的 1～5 倍的罚金或者没收财产"。

伪造上述证件、文件的，构成妨害国家机关公务、证件、印章罪，依照《刑法》第 280 条规定，"一般情节的，处 3 年以下有期徒刑、拘役、管制或者剥夺政治权利；情节严重的，处 3 年以上 10 年以下有期徒刑"。

5. 非法收购明知是盗伐、滥伐林木的法律责任

非法收购明知是盗伐、滥伐林木，情节轻微的，由林业主管部门责令停止违法行为，没收违法收购的盗伐、滥伐的林木或者变卖所得，可以并处违法收购林木价款 1～3 倍的罚款。情节严重构成犯罪的，依照《刑法》第 345 条的规定，"处 3 年以下

有期徒刑、拘役或者管制，并处或者单处罚金；情节特别严重的，处3年以上7年以下有期徒刑，并处罚金"。

6. 毁林开垦和毁林采石、采砂、采土以及其他毁林行为的法律责任

违反规定进行开垦、采石、采砂、采土、采种；或者违反操作技术规程采脂、挖笋、掘根、剥树皮及过度修枝，致使森林、林木受到毁坏的，按《森林法》及其实施条例的规定，"行为人要依法赔偿损失；由林业主管部门责令停止违法行为，补种毁坏株数1~3倍的树木，可以处毁坏林木价值1~5倍的罚款"。

违反规定在幼林地和特种用途林内砍柴、放牧，致使森林、林木受到毁坏的，要依法赔偿损失，由林业主管部门责令停止违法行为，补种毁坏株数1~3倍的树木。

对于责令补种树木的，行为人拒不补种或补种不符合国家有关规定的，由林业主管部门代为补种，所需费用由违法者支付。

对于违反规定擅自开垦林地，对森林、林木未造成毁坏或者被开垦的林地上没有林木的，由县级以上林业主管部门责令停止违法行为，限期恢复原状，可以处非法开垦林地10元/m² 以下的罚款。

7. 非法运输木材的法律责任

对于违反有关规定运输木材的下列违法行为，由县级以上人民政府林业主管部门作出相应处罚。无木材证运输木材的，没收其非法运输的木材，对货主可以并处非法运输木材价款30%以下的罚款；使用伪造、涂改的木材运输证运输木材的没收其非法运输的木材，并处没收木材价款10%~50%的罚款。

运输的木材数量超出木材运输证所准运的数量的，没收其超出部分的木材；运输的木材的树种、材种、规格与木材运输证规定不符，又无正当理由的，没收其不相符的部分木材。

承运无木材运输证的木材的，由县级以上人民政府林业主管部门没收运费，并处运费1~3倍的罚款。

8. 其他违法行为的法律责任

对于下列违法行为，可由县级以上人民政府林业主管部门作出处罚。擅自在林区经营（含加工）木材的，没收其非法经营的木材和违法所得，并处违法所得2倍以下的罚款；擅自改变林地用途的，责令其限期恢复原状，并处非法改变用途林地10~30元/m² 的罚款；擅自移动或者毁坏林业服务标志的，责令其限期恢复原状，逾期不恢复原状的，由林业主管部门代为恢复，所需费用由违法者支付；擅自将防护和特种用途林改变为其他林种的，收回经营者所获取的森林生态效益补偿，并处所获取森林生态效益补偿3倍以下的罚款。

从事森林资源保护、林业监督管理工作的林业主管部门的工作人员和其他国家机关的有关工作人员滥用职权、玩忽职守、徇私舞弊，构成犯罪的，依法追究刑事责任；尚不构成犯罪的，依法给予行政处分。

129

7.2 公园管理法规

7.2.1 公园管理法规的立法

1. 立法概况

公园管理法，是指调整人们在保护、建设、管理和利用公园过程中所发生的各种社会关系的法律规范的总称。

为了加强公园的管理工作，建设部于1992年6月18日颁布了《公园设计规范》（CJJ/T 85—92），自1993年1月1日起施行。1994年8月16日建设部发布了《城市动物园管理规定》，自1994年9月1日起施行，2001年9月7日作了进一步修正。2001年2月23日建设部和国家质量技术监督局联合发布了《游乐园管理规定》，自2001年4月1日起施行。林业部于1994年1月22日发布了《森林公园管理办法》，自1994年1月22日起施行。建设部于2006年3月31日制定了《国家重点公园管理办法》（试行）。建设部于2005年2月2日制定了《国家城市湿地公园管理办法》（试行）。

2. 我国公园的分类

公园是城市绿地系统的重要组成部分，是供公众游览、观赏、休憩，开展科学文化教育及锻炼身体的重要场所，是城市防灾避险的重要基础设施，是改善生态环境和提高广大人民群众生活质量的公益性事业。根据公园的主管部门不同，我国公园的类型一般可分为：

（1）城市公园。城市公园是由政府或公共团体建设经营，供公众游憩、观赏、娱乐，同时是人们进行体育锻炼、科普教育的场地，具有改善城市生态、防火减灾、美化城市的作用。县级以上地方人民政府建设行政主管部门主管本行政区域的城市公园工作。城市公园又可分为：

1）综合性公园。它根据规模和服务半径的不同可分为市级综合性公园和区级综合性公园。

2）专类性和主题性公园。以某一类内容为主或供某一特定对象使用而设立的公园，包括动物园、植物园、儿童公园、纪念性公园、体育公园、文化公园、雕塑公园等。

3）花园。包括综合性花园、专类花园（如牡丹园、兰圃、丁香园等）。

（2）森林公园。森林公园是指森林景观优美，自然景观和人文景物集中，具有一定规模，可供人们游览、休息或进行科学、文化、教育活动的场所。森林公园按其景物的观赏、文化、科学价值和环境质量、规模大小、游览条件等，划分为三级：

1）国家级森林公园。森林景观特别优美，人文景物比较集中，观赏、科学、文

化价值高，地理位置特殊，具有一定的区域代表性，旅游服务设施齐全，有较高的知名度。

2）省级森林公园。森林景观优美，人文景物相对集中，观赏、科学、文化价值较高，在本行政区域内具有代表性，具备必要的旅游服务设施，有一定的知名度。

3）市、县级森林公园。森林景观有特色，景点景物有一定的观赏、科学、文化价值，在当地知名度较高。

3. 第一批国家重点公园

2007 年 2 月 6 日建设部按照《国家重点公园管理办法（试行）》（建城［2006］67 号）的规定，批准了 20 个第一批国家重点公园：北京颐和园、北京天坛公园、北京北海公园、北京动物园、北京植物园、苏州拙政园、苏州留园、苏州网师园、苏州环秀山庄、苏州狮子林、苏州艺圃、苏州藕园、苏州退思园、苏州沧浪亭、沈阳市东陵公园、沈阳市北陵公园、济南市趵突泉公园、扬州个园、扬州何园、长春世界雕塑公园。

7.2.2　综合性公园的有关规定

1. 综合性公园的概念和指标

城市的综合性公园是现代化城市建设的重要组成部分，也是城市园林绿化系统中的有机组成部分，对改善城市的生态环境，美化城市面貌，丰富人民群众的文化生活，陶冶群众的情操，以及休息、保健等都起着重要的作用。

世界各国通常采用城市拥有的公园数量、面积，人均占有的公园面积，以及公园面积与城市用地面积之比等，来反映城市公园绿化的水平与现状，也作为衡量城市现代化建设的一个标志。联合国生物圈生态与环境组织提出人均公园面积指标 $60m^2$ 为最佳居住环境，美国等西方国家提出城市要为每一人规划的公园面积指标为 $40m^2$，我国公园游人的人均占有公园的陆地面积，最低不应少于 $15m^2$。

2. 综合性公园的主管部门和管理责任

国务院建设行政主管部门负责全国城市公园的管理工作；省、自治区、直辖市人民政府建设行政主管部门负责本行政区域的公园管理工作；城市人民政府园林行政主管部门负责本城市的公园管理工作；城市人民政府园林行政主管部门可以授权城市公园管理机构，负责公园的日常管理工作。计划、建设、规划、国土、财政等职能部门，应当按照各自职能协同园林部门做好公园的管理工作。

3. 综合性公园的管理

（1）园容管理。公园应当加强园容管理，景观、设施、环境达到规范要求，为游客提供优美、舒适的休息场所；公园应当加强绿化养护管理，保持植物生势良好，保护古树名木、文物古迹。凡在公园内砍伐树木的，必须经城市园林行政主管部门批准；公园内园道、公共卫生设施，应当按照市容环境卫生管理的有关规定实施管理，保持整洁及完好；公园内的水体应当保持清洁，及时打捞漂浮物，定期清理淤泥、杂物；公园内设置的游乐、康乐和服务设施应当符合公园的规划布局，与公园功能、规模、景观相协调。不相协调的，由城市园林行政主管部门责令限期调整。公园的建筑及游乐、康乐、服务等设施应当保持完好，标牌完整规范；在公园内只允许与公园配套的商业服务活动。在公园内从事商业服务活动，应当经公园管理机构和工商行政管理部门批准，并接受公园管理机构的检查、监督。不得拆除围墙（栏）、建筑经营性的建（构）筑物。

（2）安全管理。公园应当建立安全管理制度，加强水上活动、动物展出、大型展览、节假日游园和游乐、康乐设施的安全管理。在公园内组织大型群众活动。应当按照有关规定落实防范和应急措施，保障游客安全；公园内涉及人身安全的游乐、康乐项目竣工后，必须经公安、劳动等部门验收合格方可使用，并定期检测、维修保养；公园设备、设施的操作人员，必须经业务培训合格后，持证上岗；除老、幼、病、残者专用的非机动车外，其他车辆未经公园管理机构许可不得进入公园；公园应按有关规定做好防风、防汛、防火和安全用电等工作，及时处理枯枝危树，定期检修湖泊堤坝，配备消防和抢救器材并定期保养、更新；公园内的饮食服务点，应当依法做好食品、食具和从业人员的卫生管理工作；公园引进、出口或者交换动植物，应当按照管理权限报所属管理部门审核，并按国家动、植物检疫管理有关规定报批。

（3）游园管理。游客应当文明游园，爱护公园绿化及设施，遵守游园守则及公园管理的有关规定；公园内举办展览及其他活动，应当符合公园的性质和功能，坚持健康、文明的原则，不得影响游客的正常游园活动，不得损害公园绿化和环境质量。公园举办全园性的活动，应报城市园林行政主管部门批准；公园内禁止下列行为：携带易燃物品及其他危险品；恐吓、捕捉和伤害动物；在公园设施、树木、雕塑上涂写、刻画、张贴；损毁花草树木；在公园的亭、廊、座椅、护栏等设施上践踏、躺卧；随地便溺；乱丢果皮、纸屑、烟头等废弃物；其他损害公园绿化及设施的行为。

（4）门票管理。为了规范游览参观点门票的价格行为，维护正常的价格秩序，促进文化旅游事业的健康发展。根据国家计委发布的《游览参观点门票价格管理办法》，对公园门票的管理作如下规定：

1）对与居民日常生活关系密切的城市公园、纪念馆、博物馆和展览馆等，门票价格应按照充分体现公益性的原则核定。

2）在国内外享有较高声誉的全国重点文物保护单位、国家级风景名胜区和自然保护区等重要浏览参观点门票价格的调整，应实行价格听证会制度。

3）制定、调整游览参观点的门票价格，应报上一级政府价格主管部门备查。具体实施范围，分别按国务院价格主管部门和省级价格主管部门的规定执行。

4）游览参观点门票实行一票制。游览参观点内确有必须实行重点保护性开放的特殊参观点，需要单独设置门票的，以及为方便游客，将普通门票和特殊参观点门票或相邻的游览参观点门票合并成联票的，联票价格应当低于各种门票价格相加的总和。

5）季节性较强的游览参观点，可以分别制定淡季、旺季门票价格，为方便当地城市居民日常休闲、锻炼，游览参观点可以设置月（季、年）度门票。月（季、年）度门票应当体现价格优惠。对学生、现役军人、老年人、残疾人等及旅游团队可以实行优惠价格。

6）游览参观点内举办临时展览，原则免费。对确有观赏价值且投入较大的，游览参观点可以按价格管理权限申报制定临时展览门票价格。

7）游览参观点门票价格是实行政府指导价定价的，遇有重要节假日（指春节、劳动节、国庆节）需调整参观门票价格时，应当报政府价格主管部门批准，并应提前2个月向社会公布。

8）游览参观点应当严格执行明码标价的规定。游览参观点门票价格应当印制在门票票面的明显位置上，不得用加盖印章形式在票面上标示价格。

7.2.3　动物园的有关规定

1. 动物园的概念和意义

动物园是以集中饲养野生动物、濒危动物物种、飞禽以及少数优良家禽品种的公共绿地。它是一个活动物的博物馆，肩负着科学普及教育的任务。由于动物园具有优美的庭园环境和各种完善的服务设施，是一个供人们休息的公共场所，所以，动物园是集游览、科学普及和观赏为一体的公共绿地，使人们在这个优美的环境中，既增长知识，又得到了安逸的休息。

2. 动物园的主管部门和管理责任

国务院建设行政主管部门负责全国的动物园管理工作；省、自治区、直辖市人民政府建设行政主管部门负责行政区域内的动物园管理工作；城市人民政府园林行政主管部门负责行政区域内的动物园管理工作。动物园管理机构负责动物园的日常管理及动物保护工作。

3. 动物园的管理

动物园管理机构应当加强动物园的科学化管理，建立健全必要的职能部门，配备相应的人员，建立和完善各项规章制度。应当严格执行建设部颁发的《动物园管理技术规程》标准。有关规定和要求如下：

（1）应当备有卫生防疫、医疗救护、麻醉等保护设施，定时进行防疫和消毒。有条件的动物园要设有动物疾病检疫隔离场。

（2）对饲养的动物加强档案管理，建立健全饲养动物谱系。

（3）应当从事业经费中提取一定比例的资金作为科研经费，用于饲养野生动物的科学研究。

（4）完善各项安全设施，加强安全管理。确保旅游人员、管理人员和动物的安全。同时加强对游人的管理，严禁游人在动物展区内惊扰动物和大声喧哗。闭园后禁止在动物展区进行干扰动物的种种活动。

（5）加强园容和环境卫生的管理，完善环卫设施，妥善处理垃圾、排泄物和废弃物，防止污染环境。

（6）加强绿地的美化和管理，搞好绿地和园林植物的维护。

（7）根据动物园规划设计要求设置商业服务网点。未经动物园管理机构同意，任何单位和个人不得擅自在动物园内设置商业服务网点。

4. 违反《城市动物园管理规定》的行为及处罚规定

（1）未取得规划设计、施工资质证书或者超越资质证书许可的范围承担动物园规划设计或施工的；没有严格按照批准的规划设计方案进行动物园建设的；未经批准擅自改变动物园规划设计方案的；擅自侵占动物园及其规划用地的。有以上行为之一的，按照有关规定处罚。

（2）未经城市园林行政主管部门同意，擅自在动物园内摆摊设点的，由城市园林行政主管部门给予警告、责令限期改正，并可处以1000元以下的罚款。

（3）违反本规定，同时违反《中华人民共和国治安管理处罚条例》的，由公安机关予以处罚；构成犯罪的，由司法机关依法追究刑事责任。

（4）城市园林行政主管部门或动物园管理机构的工作人员玩忽职守、滥用职权、徇私舞弊的，由其所在单位或上级主管部门给予行政处分；构成犯罪的，由司法机关依法追究刑事责任。

7.2.4 游乐园的有关规定

1. 游乐园的概念

游乐园包括在独立地段专以游艺机、游乐设施开展游乐活动的经营性场所和在公园内设有游艺机、游乐设施的场所。

游艺机和游乐设施是指采用沿轨道运动、回转运动、吊挂回转、场地上（水上）运动、室内定置式运动等方式，承载游人游乐的机构设施组合。

2. 游乐园的主管部门和登记制度

国务院建设行政主管部门负责全国游乐园的规划、建设和管理工作；国务院质量技术监督行政主管部门负责全国游艺机和游乐设施的质量监督和安全监察工作。县级以上地方人民政府城市园林、质量技术监督行政主管部门负责本行政区域内相应的工作。

城市园林行政主管部门负责本行政区域内游乐园的登记工作。游乐园登记的内容包括游乐园的基本情况和游乐园内游乐项目的基本情况。地、市级以上质量技术监督行政主管部门负责本行政区域内游艺机和游乐设施的登记工作。增加游艺机、游乐设施，游乐园经营单位应当经地、市级以上质量技术监督行政部门登记后，到城市人民政府园林行政主管部门增补登记，方可运营。

3. 游乐园的安全管理

游乐园经营单位应当加强管理，健全安全责任制度等各项规章制度，配备相应的操作、维修、管理人员，保证安全运营。游乐园经营单位应设置游乐引导标志，保持游览路线和出入口的畅通，及时做好游览疏导工作。

游乐园经营单位应当对游艺机和游乐设施加强检查，按照《游艺机和游乐设施安全标准》（GB 8408）和质量技术监督行政主管部门有关特种设备质量监督与安全监察的规定，由国家质量技术监督局认可的机构定期对游艺机和游乐设施进行检验。游乐园经营单位对游艺机和游乐设施，除日检查、周检查、月检查外，必须每半年组织一次全面检查和考核，发现问题及时加以解决。严禁使用检修或者检验不合格及超过使用期限的游艺机和游乐设施。游乐园经营单位对各种游艺机、游乐设施要分别制定操作规程和运行管理人员守则。操作、管理、维修人员应当经过培训。操作维修人员应当按照国家质量技术监督局的有关规定，进行考核，持证上岗。

游乐园经营单位应当建立紧急救护制度。发生人身伤亡事故，游乐园经营单位应当立即停止设施运行，积极抢救，保护现场，并立即按照有关规定报告所在地城市园林、质量技术监督、公安等有关行政主管部门。对事故隐患不报的，主管部门要追究其领导的责任。

4. 违反游乐园管理规定的处罚规定

（1）城市园林行政主管部门对未按照规定进行游乐园登记或者增补登记的游乐园经营单位，应当给予警告，责令其在 30 日内补办登记手续，逾期不办的，处以 5000 元以下的罚款。

（2）违反本规定有下列行为之一的，由城市园林行政主管部门给予警告、责令改正，并可处以 5000 元以上 3 万元以下的罚款：擅自侵占游乐园绿地的；未对安全保护进行说明或者警示的；未建立安全管理制度和紧急救护措施的。

（3）游艺机和游乐设施安装、使用、检验、维修保养和改造违反有关质量监督与安全监察规定的，由质量技术监督行政主管部门按照有关规定处罚。

（4）由于游乐园经营单位的责任造成安全事故的，游乐园经营单位应当承担赔偿责任；构成犯罪的，依法追究刑事责任。

（5）园林行政主管部门、质量技术监督行政部门以及游艺机、游乐设施检验机构或者游乐园的工作人员玩忽职守、滥用职权、徇私舞弊、弄虚作假的，由其所在单位或者上级主管部门给予行政处分；构成犯罪的，依法追究刑事责任。

7.2.5　森林公园的有关规定

1. 森林公园的概念和意义

森林公园，是指森林景观优美，自然景观和人文景物集中，具有一定规模，可供人们游览、休息或进行科学、文化、教育活动的场所。森林公园兼具保护森林风景资

135

源和提供生态旅游服务的双重功能，在林业生态、产业和文化体系建设方面都发挥着重要作用。

2. 森林公园的主管部门和管理责任

按照《森林公园管理办法》规定，"国务院林业主管部门主管全国森林公园工作。县级以上地方人民政府林业主管部门主管本行政区域内的森林公园工作"。

在国有林业局、国有林场、国有苗圃、集体林场等单位经营范围内建立森林公园的，应当依法设立经营管理机构；在国有林场、国有苗圃经营范围内建立森林公园的，国有林场、国有苗圃经营管理机构也是森林公园的经营管理机构，仍属事业单位。

森林公园经营管理机构负责森林公园的规划、建设、经营和管理。森林公园经营管理机构依法确定其管理的森林、林木、林地、野生动植物、水域、景点景物、各类设施等，享有经营管理权，其合法权益受法律保护，任何单位和个人不得侵犯。

3. 森林公园的管理

禁止在森林公园毁林开垦和毁林采石、采砂、采土以及其他毁林行为。采伐森林公园的林木，必须遵守有关林业法规、经营方案和技术规程的规定；占用、征用或者转让森林公园经营范围内的林地，必须征得森林公园经营管理机构同意，并按《中华人民共和国森林法》及其实施细则等有关规定，办理占用、征用或者转让手续，按法定审批权限报人民政府批准，交纳有关费用。在森林公园设立商业网点，必须经森林公园经营管理机构同意，并按国家和有关部门规定向森林公园经营管理机构交纳有关费用；森林公园经营管理机构应当按照林业法规的规定，做好植树造林、森林防火、森林病虫害防治、林木林地和野生动植物资源保护等工作。

4. 森林旅游安全管理措施

（1）提高认识，切实加强领导，严格落实安全责任。进一步提高认识，增强安全意识，坚持"预防为主，安全第一"的方针，做到警钟长鸣，长抓不懈，把旅游安全管理放在森林旅游工作的首要位置，各级领导要把森林旅游的安全工作列入重要议事日程，按照"谁主管，谁负责"的原则，建立健全各级森林旅游安全工作责任制和各项规章制度，做到职责明确，责任到人，要加强员工的安全教育，提高安全意识和防患意识，把森林旅游安全管理工作落到实处。

（2）坚持维护社会治安和森林旅游秩序，营造良好的森林旅游环境。森林旅游单位要与当地公安、工商等有关单位密切配合，对从事森林旅游的各类人员实施有效管理。认真清理无证摊贩和无证导游，严禁强买强卖、欺诈哄骗等侵害游客利益的行为，杜绝恶性治安事件的发生。

（3）加强森林旅游各项设施的管理和检查，确保游客人身安全。森林旅游单位要对本单位的车、船、索道、游路、桥梁等交通工具进行定期检查，保证各种器械处于完好状态，确保安全运营，消除事故隐患。对不符合安全规定的，要坚决停止使用。对景区景点的危险地段要加固防护设施。

（4）加强饮食卫生、环境卫生的管理，保障游客身心健康。旅游区内从事餐饮服务的单位和个人，要严格按照国家食品卫生标准操作。防止食品中毒及疾病流行事件的发生。要加强环保设施建设，搞好环境卫生，控制环境污染，确保整洁卫生。

（5）加强消防工作，杜绝火灾隐患。森林旅游单位一定要切实做好消防工作，特别是要加强森林消防工作，在加强对内部人员及游客的防火安全宣传教育的同时。加强火源管理，消除火灾隐患。要制定扑火预案，一旦发生火警，及时有效采取措施，增强补救能力，做到"打早、打小、打了"。

（6）完善安全事故救援措施，增加安全保险意识。森林旅游单位要积极参加森林旅游安全保险或游客人身意外事故保险，以减小事故风险。实行森林旅游安全事故报告制度，对事故发生的原因及时进行调查，妥善处理。

7.3 案例分析

案例一

1. 案情简介

2001年10月，都江堰市××村村民岳某以翻修房子需要木头为由，向其所在的村、组提出砍伐自家承包地里的水杉树的申请。这些树是1985年左右岳某亲自栽种在自家承包地里的。对岳某提出的申请，村、组均盖章表示同意，但未获得该市林业局核准，没有取得林木采伐许可证。当年10月25日，岳某在未取得采伐许可证的情况下，到自家承包地里砍了28棵水杉树，最粗的有22cm，最细的仅有6cm。堆放在自家房子边上，准备翻修房子时用。2001年11月2日，都江堰市林业局公安人员在执法过程中，发现了这批被非法砍伐的树木。经查，岳某砍伐的28棵水杉换算为活立木蓄积达16.3m³。市林业局当即向岳某发出"暂扣林木通知书"，对所砍水杉就地查封。可岳某置之不理，却擅自将已被依法查封的杉木全部用于翻修房子。

2. 处理结果

2002年1月3日，都江堰市公安局受理了这起盗伐林木案，1月8日，岳某被刑事拘留，1月22日，被依法逮捕。都江堰市人民法院认为，水杉系国家明令保护的一级珍贵野生植物，岳某违反《森林法》和其他有关行政法规，在未取得林业部门核发的采伐许可证的情况下，非法砍伐水杉，其行为已构成非法采伐珍贵树木罪。

3. 本案评析

这是一起典型的非法采伐、毁坏珍贵树木的案件，岳某违反国家保护珍贵树木的法律，严重破坏了国家的林木资源。对此，《刑法》、最高人民法院《关于审理破坏森林资源刑事案件具体应用法律若干问题的解释》、国家林业局公安部《关于森林和陆生野生动物刑事案件管辖及立案标准》、《森林法》等都作了相关规定。

水杉乃化石中早已被地质学家和古植物学家认知的古植物，是地质中生代古老孑遗植物，有"活化石"之美誉。为了加强对水杉植物的保护，被定为国家一级珍贵树木。《森林法》第 32 条规定，"采伐林木必须申请采伐许可证，按许可证的规定进行采伐，……农村居民采伐自留山和个人承包集体的林木，由县级林业主管部门或者其委托的乡、镇人民政府依照有关规定审核发放采伐许可证"。第 40 条规定，"违反本法规定，非法采伐、毁坏珍贵树木的，依法追究刑事责任"。《中华人民共和国森林法实施细则》第 25 条规定，"违反森林法规定，致使防护林、经济林、特种用途林、珍贵树木和自然保护区的森林资源遭受破坏的，除应当依法追究刑事责任以外，按本细则第 22 条的规定从重处罚"。此外，《野生植物保护条例》第 16 条也作了规定。

案例二

1. 案情简介

星期天，刘某带 6 岁的女儿到某公园游玩，买了门票。在公园里的游乐园，刘某花 3 元钱给女儿玩儿童赛车。不幸的是，因车轮自行脱落，致使车子侧翻，小孩跌倒后右手骨折，花去医药费 1000 余元。刘某找公园负责人赔偿医药费。负责人说，游乐园是承包了的，应由承包人负责赔偿。

2. 本案评析

儿童在公园游玩享有人身安全权利。公园作为公共福利设施，又收了门票，经营管理者有保障游客人身和财产安全的责任和义务。因此，当公园的设施因其安全隐患导致游客受到损害，公园的经营管理者应当承担赔偿责任。至于实行了内部承包经营，是公园内部的经营措施，不得对抗对外承担民事责任。公园不能以内部承包为由推卸自身责任。正确的做法是，由公园承担赔偿责任后，按内部承包协议向承包人索要赔偿的损失。

思考练习

1. 简述森林法的基本原则。
2. 简述植树造林的有关规定。
3. 病虫害防治的方针有哪些？
4. 违反森林法的法律责任是如何规定的？
5. 综合性公园有哪些管理规定？
6. 动物园有哪些管理规定？
7. 游乐园有哪些安全管理规定？
8. 简述森林旅游安全管理措施。

第8章　其他相关政策法规

[教学要求]　● 了解村庄和集镇规划建设管理法规的相关内容。
　　　　　　● 了解环境保护法规的相关内容。
　　　　　　● 了解园林绿化企业法规的相关内容。
　　　　　　● 了解行政处罚、行政复议和行政诉讼的相关内容。
[知识要点]　● 村庄和集镇规划的审批权限和审批程序。
　　　　　　● 建设项目的环境保护制度。
　　　　　　● 园林绿化企业设立的条件和程序。

8.1　村庄和集镇规划建设管理法规

8.1.1　村庄和集镇规划建设管理的立法

1. 立法概况

村庄和集镇规划建设管理法规是调整村庄和集镇在规划综合开发、设计、施工、公用基础设施、住宅和环境管理等项活动及其社会关系的法律规范的总称。其立法目的是为了加强村镇建设管理，不断改善村镇的环境，促进城乡经济、社会协调发展，推动社会主义新村镇的建设。

1993年6月29日国务院发布了《村庄和集镇规划建设管理条例》（以下简称《管理条例》），这是到目前为止，我国对村庄和集镇建设管理的具有最高法律效力的行政法规。《管理条例》规定，村庄是指农村村民居住和从事各种生产的聚居点；集镇是指乡、民族乡人民政府所在地和经县级人民政府确认由集市发展而成的作为农村一定区域经济、文化和生活服务中心的非建制镇。

2.《村庄和集镇规划建设管理条例》的基本内容

《村庄和集镇规划建设管理条例》分为七章，共48条：

第一章"总则"，说明了立法目的，规定了条例适用范围；村庄和集镇建设的基本方针和管理体制。

第二章"村庄和集镇规划的制定"，规定了编制村镇规划的主要内容、编制原则，确定了村庄集镇的规划编制、调整和修改变更的审批程序。

第三章"村镇规划的实施"，规定了村庄、集镇进行农民住宅、乡镇企业、村镇公共设施及公益事业的建设程序。

第四章"村庄和集镇建设的设计、施工管理",规定了在村庄、集镇内建筑的设计和施工应当遵循的原则、程序和对建筑的质量要求,以及各类建设的开工程序和竣工验收制度。

第五章"房屋、公共设施、村容镇貌和环境卫生管理",对村庄、集镇的房屋的产权、产籍的管理和村庄、集镇内基础设施和公共设施的建设、使用及维护等作了规定,同时还对如何维护村容镇貌和环境卫生作了规定。

第六章"罚则",对违反条例的行为应当受到的处罚作了规定。

第七章"附则",主要规定了条例的解释机关和实施日期。

8.1.2 村庄和集镇规划的编制

1. 编制机关

根据《管理条例》第6条的规定,"县级以上地方人民政府建设行政主管部门主管本行政区域的村庄、集镇规划建设管理工作,乡级人民政府负责本行政区域的村庄、集镇规划建设管理工作"。《管理条例》第8条规定,"村庄、集镇规划由乡级人民政府负责组织编制并监督实施"。

2. 编制阶段和规划内容

《管理条例》第11条,"把村庄、集镇规划分为村庄、集镇总体规划和村庄、集镇建设规划两个阶段"。

(1)村庄、集镇总体规划。村庄、集镇总体规划是指乡级行政区域内村庄和集镇布点规划及相应的各项建设的总体部署。规划期一般为10~20年,近期建设规划考虑3~5年。

村庄、集镇总体规划的主要内容包括:乡级行政区域的村庄、集镇布点,村庄和集镇的交通、供水、供电、邮电、商业、绿化、防灾、环境卫生等生产和生活服务设施的配置。

(2)村庄、集镇建设规划。村庄、集镇建设规划是指在村庄、集镇总体规划指导下,对村庄和集镇的各项建设作出的综合部署和具体安排。其主要任务是对村镇内的居住建筑、公共建筑、道路绿化、给水、排水、电力、电信等各项建设以及环境保护、防灾等各项措施进行统筹安排,具体落实。

村庄建设规划的主要内容,可以根据本地区经济发展水平,参照集镇建设规划的编制内容,主要对住宅和供水、供电、道路、绿化、环境卫生以及生产配套设施作出具体安排。

集镇建设规划的主要内容包括:住宅、乡(镇)村企业、公共设施、公益事业等各项建设的用地布局、用地规模、有关技术经济指标、近期建设工程以及重点地段建设的具体安排。

8.1.3　村庄和集镇规划的审批

1. 村庄和集镇规划的审批权限

村庄、集镇总体规划和集镇建设规划，须经乡级人民代表大会审查同意，由乡级人民政府报县级人民政府批准；村庄建设规划，须经村民会议讨论，由乡级人民政府报县级人民政府批准。

《管理条例》第 17 条规定，"村庄、集镇规划经批准后，由乡级人民政府公布"。这种做法有利于广大的群众了解规划；提高群众配合各级政府按照规划的要求进行建设活动的自觉性。同时，也可以使各项建设活动置于群众的监督之下。

2. 规划区内建设用地的审批程序

（1）规划区内住宅建设用地的审批程序。《管理条例》第 18 条规定，"农村村民在村庄、集镇规划内建住宅的，应当先向村集体经济组织或者村民委员会提出建房申请，经村民会议讨论通过后，按照下列审批程序办理"。

1）需要使用耕地的，经乡级人民政府审核、县级人民政府建设行政主管部门审查同意，并出具选址意见书后，方可依照《土地管理法》向县级人民政府土地管理部门申请用地，经县级人民政府批准后，由县级人民政府土地管理部门划拨土地。

2）使用原有宅基地、村内空闲地和其他土地的，由乡级人民政府根据村庄、集镇规划和土地利用规划批准。

（2）乡（镇）村企业、公共设施、公益事业建设用地规划审批程序。《管理条例》第 19 条、20 条规定，兴建乡（镇）村企业、公共设施、公益事业建设用地规划审批程序如下：

1）兴建乡（镇）村企业，须持县级以上地方人民政府批准的设计任务书或者其他批准文件，向县级人民政府建设行政主管部门申请选址定点；乡（镇）村公共设施、公益事业建设要经乡级人民政府审核。

2）县级人民政府建设行政主管部门对申请的建设项目进行审查，同意后出具选址意见书。

3）建设单位持选址意见书依法向县级人民政府土地管理部门申请用地，经县级人民政府批准后，由土地管理部门划拨土地。

8.1.4　村庄和集镇的设计施工管理

1. 设计阶段

房屋建造的好与坏同设计关系很大。村镇建设量大、面广，而且主要是依靠广大农民以及集体经济组织自己动手建设。因此，这就要求村镇建设的设计质量必须保证，彻底改变村镇建设中亲帮亲、邻帮邻、房屋质量不高，建筑形式呆板、单调，不讲美观，也不讲地方特色的状况。要保证设计质量，设计审查尤为重要。要坚决杜绝没有取得相应设计资质证书的单位进行设计，这对确保广大农民的生命财产安全，节约建设资金、保证工程质量具有重要意义。

2. 施工阶段

（1）开工审查制度。《管理条例》第26条规定，"乡（镇）村企业、乡（镇）村公共设施、公益事业等建设，在开工前，建设单位和个人应当向县级以上人民政府建设行政主管部门提出开工申请，经县级以上人民政府建设行政主管部门对设计、施工条件予以审查批准后，方可开工。农村居民住宅建设开工的审批程序，由省、自治区、直辖市人民政府规定"。根据这一条规定，村庄和集镇建设工程的开工审查制度的主要内容应为：乡（镇）村企业、乡（镇）村公共设施、公益事业等的建设，在开工前，建设单位和个人取得选址意见书和办理土地占用审批手续之后，应当向县级以上人民政府建设行政主管部门提出开工申请，经县级以上人民政府建设行政主管部门对其设计、施工条件进行审查批准，取得开工批准文件，并经县以上人民政府建设行政主管部门定位验线后，方可开工。农村居民住宅建设在取得选址意见书和办理土地审批手续后，由省、自治区、直辖市人民政府具体规定其开工程序。

（2）质量管理制度。为了确保村镇建设的施工质量，《管理条例》第24条规定，"施工单位应当按照设计图纸施工，任何单位和个人不得擅自修改设计图纸，确需修改的，须经原设计单位同意，并出具变更设计通知单或者图纸。施工单位应当确保施工质量，按照有关的技术规定施工，不得使用不符合工程质量要求的建筑材料和建筑构件"。

3. 监检验收阶段

（1）监督检查制度。监督检查制度的内容是：县级人民政府建设行政主管部门，应当对村庄集镇建设的施工质量进行监督检查，使施工单位严格按照建筑工程和技术标准进行施工，防止不合格的建设项目继续施工，以确保建筑工程的质量。县级人民政府建设行政主管部门在进行监督检查时，应当依据国家和地方颁发的有关法规、技术标准、验评标准和设计文件等。村庄和集镇规划区内的住宅、乡（镇）村企业、乡（镇）村公共设施和公益事业建设以及使用的建筑构件，均应按照规定接受县级人民政府建设行政主管部门的监督检查。

（2）竣工验收制度。竣工验收制度的主要内容是：村庄、集镇的建设工程竣工后，应当按照国家的有关规定，经有关部门竣工验收合格后，方可交付使用。县级人民政府建设行政主管部门和乡（镇）人民政府，应当督促有关部门和建设单位进行竣工验收，防止不合格的建设工程交付使用而给人民的生命财产带来损失。

8.1.5 房屋、公共设施、村容镇貌的管理

1. 村庄和集镇房屋管理

《管理条例》第28条规定，"县级以上人民政府建设行政主管部门，应当加强对

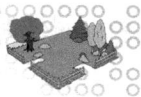

村庄、集镇房屋的产权、产籍的管理，依法保护房屋的所有人对房屋的所有权"。具体办法由国务院建设行政主管部门制定，目前，国家对村镇的房屋管理办法尚未出台，根据一些省市的规定，在房屋产权、产籍管理方面，大致有以下内容：

（1）房屋（包括公房和私房）的产权登记，造册、发证以及房屋产权变更的登记、注册等。

（2）房屋转让、买卖出租、抵押等的管理。

（3）房屋的修缮管理。

（4）房地产综合开发的管理。

（5）房屋产权纠纷调解、政策咨询和仲裁等。

2. 村庄和集镇公共设施管理

村庄、集镇的道路、桥梁、供水、排水、供电、邮电、绿化等设施是村庄、集镇内居民生产、生活的重要基础条件，要加快村庄、集镇建设速度，促进村庄、集镇的精神文明和物质文明建设，首先就要搞好公共设施的建设和管理。任何单位和个人都不得破坏或者损毁村庄、集镇的道路、桥梁、供水、排水、供电、绿化等设施，不得任意开挖和占用村庄、集镇的道路，不得损伤桥梁设施，不得在供水和排水管道上修建建筑物、构筑物，不得向排水设施中倾倒废弃物并保护好供电和邮电以及消防设施。

3. 村容镇貌和卫生的管理

（1）水源保护。《管理条例》第 31 条规定，"乡级人民政府应当采取措施，保护村庄、集镇饮用水源；有条件的地方可以集中供水，使水质逐步达到国家规定的饮用水标准"。村庄、集镇的饮水质量，关系到广大农民的身体健康。因此，各地乡（镇）人民政府要重视水质，把水质达到国家规定的标准作为一项大事来抓，在保证水质的前提下，应当采用各种卫生、安全的取水方式。有条件的地方应当逐步实行集中供水。

（2）环境管理。乡级人民政府应当对村庄、集镇规划区内街道、广场、市场和车站等地修建的临时建筑物、构筑物和其他设施加强管理。防止这些临时建筑物、构筑物和设施对村庄、集镇容貌和环境造成影响。任何单位和个人在村庄、集镇规划区内的街道、广场、市场和车站等场所修建临时建筑物、构筑物和其他设施，都应当事先征得乡级人民政府的同意，并必须保证在规定的期限内拆除。

乡级人民政府应当增强环境卫生意识，提高广大农民维护环境卫生的自觉性。对那些对村庄和集镇环境卫生影响比较大的粪堆、垃圾堆和柴草堆要进行妥善处理。有条件的村庄和集镇要配备环卫人员专门负责清理街道和厕所，及时清运垃圾和粪便，对传统的土厕要逐步进行改造，不在街道和公共广场堆放柴草堆。

（3）绿化管理。乡级人民政府应当加强村庄和集镇规划区内的环境美化工作。加强绿化管理，应当采取各种措施和方法，组织植树活动，美化村镇环境，严格保护村庄和集镇内的树木、花卉、草皮、苗圃以及各类绿地不受损坏。

（4）文物古迹、古树名木管理。在我国广大的农村和集镇，有许多文物古迹、古树名木和风景名胜，这是自然和历史给我们留下的文化遗产，在进行村庄和集镇建设中，应当注意加以保护。乡（镇）人民政府在编制村庄、集镇规划，进行建设项目选址和批准建设项目时，应当注意对文物古迹、古树名木、风景名胜的保护。任何单位和个人都有义务保护村庄、集镇内的文物古迹、古树名木、风景名胜，一切破坏活动，都将受到有关法律的处罚。

8.1.6　各种违法行为及法律责任

（1）违法占地行为。违法占地行为是指行为人未按法定程序取得建设规划用地许可证，在村庄、集镇规划区内占用土地的行为。根据《管理条例》第36条规定，"在村庄、集镇规划区内，未按规划审批程序批准而取得建设用地批准文件占用土地的，该批准文件无效，被占用的土地由乡级以上人民政府责令退回"。

（2）违法建设行为。违法建设行为是指行为人未按规划审批程序或者违反规划的规定，在村庄、集镇规划区内实施影响村庄、集镇规划的建设行为。根据《管理条例》第37条规定，"违法建设行为严重影响村庄、集镇规划的，由县级人民政府建设行政主管部门责令停止建设，限期拆除或者没收违法建筑物、构筑物和其他设施；影响村庄、集镇规划但尚可采取改正措施的，由县级人民政府建设行政主管部门责令限期改正，处以罚款。农村居民违法建住宅的，由乡级人民政府依照前述规定处罚"。

（3）勘察设计单位的违法行为。勘察设计单位违反《管理条例》的违法行为包括：未取得设计资质证书的勘察设计单位，承担建筑跨度、跨径和高度超出规定范围的工程以及2层以上住宅的设计任务或者未按设计资质证书规定的经营范围承担设计任务的；取得勘察设计资质证书的勘察设计单位，为无资质证书单位提供资质证书或者超过规定的经营范围承担设计且质量不符合要求的。

根据《管理条例》第38条规定，"对上述行为由县级人民政府建设行政主管部门责令停止设计、限期改正，并可处以罚款；情节严重的，由原发证机关吊销设计资质证书"。

（4）施工单位的违法行为。施工单位的违法行为包括：未取得施工资质等级证书或者未按规定的经营范围承担施工任务的；未按有关技术规范施工或者使用不符合工程质量要求的建筑材料的；未按设计图纸施工或者擅自修改设计图纸的；取得施工资质证书的施工单位为无证单位提供资质证书的；施工的质量不符合要求的。

根据《管理条例》第38条的规定，"对施工单位的上述行为，由县级人民政府建设行政主管部门责令停止施工、限期改正，并可处以罚款；情节严重的，由原发证机关吊销施工资质证书"。

（5）违法修建临时建筑物、构筑物和其他设施的行为。行为人擅自在村庄、集镇

规划区内的街道、广场、市场和车站等场所修建临时建筑物、构筑物和其他设施的，由乡人民政府责令限期拆除，并可处以罚款。

（6）村庄、集镇建设管理人员的违法行为。村庄、集镇建设管理人员玩忽职守、滥用职权、徇私舞弊的，由所在单位或者上级主管部门给予行政处分；构成犯罪的，依法追究刑事责任。

8.2　环境保护法规

8.2.1　环境和环境保护的概念

1. 环境的概念

《中华人民共和国环境保护法》（以下简称《环境保护法》）中明确指出"本法所称的环境，是指影响人类生存和发展的各种天然的和经过人工改造的自然因素的总体，包括大气、水、海洋、土地、矿藏、森林、草原、野生动物、自然遗迹、人文遗迹、自然保护区、风景名胜区、城市和乡村等"。自地球上出现人类以后，环境问题就一直存在着，并随着人类社会的发展而日益突出，环境问题影响的范围越来越广，危害程度越来越大，要从根本上解决环境问题，必须高度重视环境保护。

2. 环境保护的概念

环境保护是指人们（政府、组织和个人）根据生态平衡等客观自然规律和经济规律的要求，自觉地采取各种方法、手段和措施，协调人类和环境的关系，解决各种环境问题，保护、改善和创造环境的一切人类活动的总称。发展社会主义市场经济，进行现代化建设，最根本的目的就是为了国家富强，人民幸福。环境保护是为人民谋福利，为子孙后代造福的伟大事业，它直接关系到国家的强弱、民族的兴衰、社会的稳定，关系到全局战略和长远发展，是人们长远的根本利益所在。我们必须不断学习环境保护的科学知识和相关法律知识，提高环保意识，尽到保护环境的义务和责任，遵守各种环境保护法规，积极治理环境污染，保护自然资源，维护生态平衡，努力创建良好的环境质量。

保护环境已作为我国的一项基本国策。经济建设与生态环境相协调，走可持续发展的道路，是关系到我国现代化建设事业全局的重大战略问题。园林绿化是环境建设的重要组成部分，是城镇物质文明和精神文明的重要体现。加强园林绿化工作，提高城镇绿地覆盖率，美化人们的生活环境，改善生态环境，是实施可持续发展战略的具体举措。

8.2.2　环境保护的立法

1. 立法概况

环境保护法是国家制定或认可的，由国家强制力保证其执行的，调整因保护和改善环境而产生的社会关系的各种法律规范的总称。

1989 年 12 月 26 日第七届全国人民代表大会常务委员会第十一次会议通过了《中华人民共和国环境保护法》，对环境保护法的适用范围、组织机构、法律原则与制度等作出了原则性规定。它居于基本法的地位，成为制定环境单行法的依据。

环境保护单行法是针对特定的环境保护对象（如某种环境要素）或特定的人类活动（如基本建设项目）而制定的专项法律、法规，是宪法和环境保护基本法的具体化。大体上分为：土地利用规划法；污染防治法；自然保护法；环境管理行政法、全国生态环境建设规划；全国生态环境保护纲要等几个类型。这类单行法律、法规一般都比较具体细致，是我国进行环境管理、处理环境纠纷的直接依据。

2. 环境保护法的基本原则

环境保护法的基本原则是指为环境法所确认、体现环境保护的基本方针与政策，并为国家环境管理所遵循的基本准则。我国环境保护法的基本原则主要包括：

（1）环境保护与经济建设、社会发展相协调的原则。《环境保护法》第 4 条明确规定，"国家制定的环境保护规划必须纳入国民经济和社会发展计划，国家采取有利于环境保护的经济、技术政策和措施，使环境保护同经济建设和社会发展相协调"。要体现这一原则应采取的主要措施是：制定环境保护规划与计划；环境保护纳入国民经济和社会发展计划；采取有利于环境保护的经济、技术政策；转变经济增长方式，合理开发利用资源，控制开发强度。

（2）预防为主、防治结合、综合治理原则。预防为主，是指在国家环境管理中通过计划、规划和其他各种管理手段，刺激或强制要求污染者采取必要的防范性措施，尽可能防止环境污染和损害的发生。因为环境一旦遭到污染和破坏，就很难恢复甚至无法恢复。

防治结合，是指在采取防范性措施的同时，还应当对那些难以避免的环境污染和破坏采取一切可能的积极治理措施，尽力减轻对环境的污染和破坏。"防"是解决环境问题的积极办法，"治"是解决环境问题的消极办法，两者必须紧密结合。

综合治理，是指为了提高治理效果，用较少的投入取得较大的效益而采取的多种方式和多种途径相结合的办法。因为造成环境问题的原因是多方面的，仅仅采取单一的治理措施往往解决不了问题，必须同时采取经济、行政、法律、教育等手段进行综合治理，才能奏效。

（3）开发者保护、利用者补偿、破坏者恢复、污染者治理的原则。这是使有关造成环境污染和破坏的单位或个人承担责任的一项基本原则。根据这一原则，所有对环境和资源进行开发利用的单位或个人应承担环境和资源的恢复、整治和养护的责任。所有排放废物、造成环境污染和破坏的单位或个人应承担污染源治理、环境整治的责任。体现这一原则的环境管理制度和措施包括以下两个方面：

① 在自然资源开发利用方面，通过一些环境保护的单行法律，实行了复垦、限

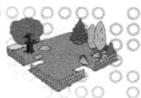

额采伐等相关制度，保证了自然资源开发利用的有序性和合理性，保障了自然资源的永续利用。

② 在污染防治方面，规定了排污收费、限期治理等相关制度。促使企业加强了环境管理，防止跑、冒、滴、漏，把防治污染纳入到企业管理计划之中。

（4）奖励综合利用，提高资源、能源利用率的原则。我国先后颁布了一些有关综合利用的单行法规，对综合利用的主要规定是：国家对综合利用资源的企业的生产建设项目，实行优惠政策；对矿山、森林、江河、湖海等重要自然资源的开发，要加强综合利用；对企业开展综合利用，实行"谁投资、谁受益"的原则；企业排放的，自己不能利用的"三废"，应免费供应给其他单位利用，不得收费或变相收费，供需双方签定合同并严格执行；综合利用的技术引进项目和设备、配件实行减免税、优先安排外汇等优惠；国家设立了综合利用奖，奖励在此方面作出突出贡献的单位和个人。

（5）公众参与原则。这一原则是指尊重公民享受良好生活环境的权益，保障公民有参与环境管理的权利。根据这一原则必须实行以下制度和措施：建立健全公众参与制度；完善公众举报、听证和环境影响评价公民参与制度；疏通人民群众关注和保护环境的渠道；推动公众和非政府组织参与环境保护和有关环境与发展综合决策的过程。

（6）政府对环境质量负责的原则。一个地区的环境质量如何，除了自然因素外，还与该地区的社会经济发展密切相关，涉及到各个方面，是一个综合性很强的问题，只有政府才有这样的职能解决它。《环境保护法》第 16 条规定，"地方各级人民政府，应当对本辖区的环境质量负责，采取措施改善环境质量"。根据这一原则，地方政府应采取以下措施：各级政府应把环境保护纳入到国民经济和社会发展计划之中，明确本届政府任期内的环境目标、任务和落实措施；在重大决策中，充分注意环境保护的要求；组织好城市环境综合整治工作；实行环境目标责任制；充分利用法律赋予的权限，保护和改善环境。

8.2.3　建设项目的环境保护规定

1. 建设项目施工中的环境保护

有关建设项目环境保护的管理办法规定：建设单位与施工单位在施工过程中都要保护施工现场周围的环境，防止对自然环境造成不应有的破坏；防止和减轻粉尘、噪声、振动对周围居住区的污染和危害。建设项目竣工后，施工单位应当修整和恢复在建设过程中受到破坏的环境。

除此之外，国务院 1989 年 9 月 26 日发布的《环境噪声污染防治条例》和建设部 1991 年 12 月 5 日发布的《建设工程施工现场管理规定》对此作了更具体的规定。

（1）施工单位的环境管理。施工单位应当采取措施控制施工现场的各种粉尘、废气、废水、固体废弃物以及噪声、振动对环境的污染和危害。具体措施为：

1）妥善处理泥浆水，未经处理不得直接排入城市排水设施和河流。

2）除设有符合规定的装置外，不得在施工现场熔融沥青或者焚烧油毡、油漆以及其他会产生有毒有害烟尘和恶臭气体的物质。

3）使用密封式的圈筒或者采取其他措施处理高空废弃物。

4）采取有效措施控制施工过程中的扬尘。

5）禁止将有毒有害废弃物用作土方回填。

6）对产生噪声、振动的施工机械，应采取有效控制措施，减轻噪声扰民。

建设工程施工由于技术、经济条件限制，对环境的污染不能控制在规定范围内，建设单位应当会同施工单位事先报请当地人民政府建设行政主管部门和环境主管部门批准。

（2）建筑施工噪声污染的防治。施工单位向周围生活环境排放噪声，应当符合国家规定的环境噪声施工场界排放标准。

凡在施工中使用的机械、设备其排放噪声可能超过标准的，应当在工程开工 15 日前向环保部门提出申报，说明施工场地及施工期限、可能排放的噪声强度和所采用的噪声污染防治措施等。排放噪声超过标准、危害周围生活环境时，环保部门在报经县级以上人民政府批准后，可限制其作业时间。

禁止夜间在居民区、文教区、疗养区进行产生噪声污染，影响居民休息的施工作业，但抢修、抢险作业除外。如必须连续作业的，则须经县级以上人民政府环保部门批准。

2. 建设项目环境保护制度

（1）建设项目的"三同时"制度。"三同时"制度是指一切新建、改建和扩建的基本建设项目（包括小型建设项目）、技术改造项目、区域开发建设项目等可能对环境造成损害的工程建设项目中防治污染的设施，必须与主体工程同时设计、同时施工、同时投产使用。

"三同时"制度是我国首创的，1973 年在《关于保护和改善环境的若干规定》首次规定：一切新建、扩建和改建的企业必须执行"三同时"，正在建设的企业没有采取防治措施的，必须补上。各级环境保护部门要参与审查设计和竣工验收。今后，"三同时"制度不断得到完善，执行的建设项目也不断扩大和增多。

《环境保护法》对"三同时"制度有明确的规定。有关建设项目环境的管理办法、环境保护的设计规定、环境保护设施的竣工验收管理规定等规范性文件对此作了更具体的规定。

（2）环境影响评估制度。环境影响评估制度，是指对可能影响环境的工程建设、开发活动，预先进行调查、预测和评价，提出环境影响及防治方案的报告，经批准才能进行建设的制度。它是环境质量评价的一种。

实行环境影响评价制度，可以使决策的研究不仅从建设项目的外部条件分析对经济发展是否有利，还要考虑建设项目本身对周围环境的影响，并且采取必要的防范措施，这样就可以把各种建设活动的经济效益和环境效益统一起来，把经济发展和环境保护协调起来。另外，环境影响评价制度还是"预防为主"原则的落实和体现。

凡从事对环境有影响的建设项目都必须执行环境影响报告书的审批制度。凡属中型以上的建设项目，对厂区以外地区的基本环境要素（大气、水体、土壤、植物等）或特定环境保护区可能造成的污染和破坏，不通过环境影响评价不能判明影响程度的，都应编写环境影响报告书，其余科目可填写环境影响报告表。

环境影响报告书（表）应当在建设项目的可行性研究阶段完成，由建设单位负责提出。对未经批准环境影响书（表）的建设项目，计划部门不办理设计任务书的审批手续，土地管理部门不办理征地手续，银行不予贷款。

（3）环境监测制度。环境监测是指在一段时间内，间接地或连续地测定代表环境质量的各种标志数据的过程。为了防治环境污染，必须首先分析、查明各种污染物的性质、来源、含量、分布状况、变化情况及其对环境产生影响的过程，以便有针对性地采取防治措施。

《环境保护法》规定，"国务院环境保护行政主管部门建立监测制度，制定监测规范，会同有关部门组织监测网络，加强对环境监测的管理。国务院和省、自治区、直辖市人民政府的环境保护行政主管部门，应当定期发布环境状况公报"。

（4）污染源的许可证制度。污染源的许可证制度，是指对环境可能产生消极影响的建设项目、开发和生产活动以及污染物排放设施和环境保护职能的活动，在兴建、开发、投产和启用、实施职能活动之前，其兴建人、经营人和职能活动的承担者必须提出书面申请，并附交各种技术资料和文件说明，经有权审批的主管机关审查批准并发给相应的许可证后，才能兴建、开发、投产、启用和实施许可证中确认的职能活动。

（5）排污登记和征收排污费制度。排放污染物的企业事业单位，必须依照国务院环境保护行政主管部门的规定申报登记。如果拒报或者谎报有关申报事项的，则可给予警告或者处以罚款。

国务院环境保护行政主管部门根据国家环境质量标准和国家经济、技术条件，制定国家污染物排放标准。省、自治区、直辖市人民政府可以制定地方污染物排放标准。排放污染物超过国家或者地方规定的污染物排放标准的企事业单位，依照国家规定缴纳超标准排污费，并负责治理。如果不按国家规定缴纳超标准排污费，可以给予警告或者处以罚款。国务院颁布的《征收排污费暂行办法》（1982年）中对征收排污费的目的、范围、标准，加收或减少的条件，排污费的使用和管理等都作了具体规定。

（6）限期治理和应急强制制度。限期治理制度也是环境保护的重要制度。这一制度明确了缴纳排污费不能替代治理责任。对于在国务院、国务院有关主管部门和省、自治区、直辖市人民政府划定的风景名胜区、自然保护区和其他需要特别保护的区域内已经建成的设施，其污染物排放超过规定的排放标准的，限期治理。这是对需要特别保护区域的特别保护措施。

8.2.4 各种违法行为及法律责任

（1）有下列行为之一的，环境保护行政主管部门或者其他依照法律规定行使环境监督管理的部门可以根据不同情节，给予警告或者处以罚款：拒绝有环境监督权力的部门现场检查或者在被检查时弄虚作假的；拒报或者谎报有关排污物申报事项的；不按规定缴纳超标准排污费的；引进不符合我国环保规定要求的技术和设备的；将产生严重污染的生产设备转移给没有污染防治能力的单位使用的。

（2）建设项目的防治污染设施没有建成或没有达到国家规定的要求，投入生产或者使用的，可由环保行政主管部门责令停止生产或者使用，可以并处罚款。

（3）未经环保主管部门同意，擅自拆除或者闲置污染处理设施，污染物排放超过规定标准的，可由环保行政主管部门责令重新安装使用，并处罚款。

（4）造成环境污染事故的企、事业单位，有环保监管权力的部门可根据所造成的危害后果处以罚款；情节较重的，对有关人员由其所在单位或者政府主管机关给予行政处分。

（5）对经限期治理逾期未完成治理任务的企、事业单位，除按国家规定加收超标准排污费外，可根据所造成的危害后果处以罚款，或者责令停业、关闭。

（6）造成环境污染危害的，有责任排除危害，并对直接受到损害的单位或者个人赔偿损失。

（7）造成重大环境污染事故，导致公私财产产生重大损失或者人身伤亡的严重后果的，对直接责任人员依法追究刑事责任。

（8）造成土地、森林、草原、水、矿产、渔业、野生动植物等资源的破坏的，依照有关法律的规定承担法律责任。

（9）环保监管人员滥用职权、玩忽职守、徇私舞弊的，由其所在单位或者上级主管机关给予行政处分；构成犯罪的，依法追究刑事责任。

8.3 园林绿化企业法规

8.3.1 园林绿化企业的概念

建设部于1995年7月4日制定了《城市园林绿化企业资质管理办法》和《城市园林绿化资质标准》，以加强城市园林绿化市场的管理，保障城市园林绿化规划、建

设和管理质量，并对城市园林绿化企业实行资质审查发证管理。

所称城市园林绿化企业，是指从事各类城市园林绿地的规划设计，组织承担城市园林绿化工程的施工及养护管理，城市园林绿化苗木、花卉、盆景、草坪生产、养护和经营，提供有关城市园林绿化的技术咨询、培训、服务等业务的所有企业，包括全民所有制企业、集体所有制企业、中外合资企业、中外合作经营企业、联营及股份制企业、私营企业和其他企业，均应纳入城市园林绿化行业的管理范围，进行资质审查管理。所称资质，是指企业的人员素质、技术及管理水平、工程设备、资金及效益情况、承包经营能力和建设业绩等。

8.3.2　园林绿化企业设立的条件和程序

园林绿化企业的设立，是指为使企业成立并取得法人资格，依法实施的一系列法律行为的总称。企业的设立要具备一定的条件、经过一定的程序，由于企业的所有制性质不同，其设立的条件和程序也不一样。

1. 全民所有制企业设立的条件和程序

（1）设立条件。根据《中华人民共和国全民所有制工业企业法》（以下简称《企业法》）的规定，申请设立全民所有制企业，必须具备以下各项条件：产品为社会所需要；有能源、原材料、交通运输的必要条件；有自己的名称和生产经营场所；有符合国家规定的资金；有自己的组织机构；有明确的经营范围；法律、法规规定的其他条件。

（2）设立程序。具备设立全民所有制企业的条件后，首先向政府或者政府主管部门提出申请设立全民所有制企业的报告；第二，由政府或政府主管部门根据企业设立申请，依照法律、法规对其进行审批，对符合企业设立条件的给予批准；第三，设立企业的申请获得批准后，到工商行政管理机关核准登记，领取《企业法人经营执照》，取得法人资格，企业宣告成立。企业法人凭据其营业执照可以刻制公章、开立银行账户、签订合同，可以在核准登记的经营范围内从事生产经营活动，其合法权益受法律保护。

2. 城镇集体所有制企业设立的条件和程序

（1）设立条件。根据《城镇集体企业条例》的规定，申请设立城镇集体企业必须具备下列条件：有企业名称、组织机构和企业章程；有固定的生产经营场所、必要的设施，并符合规定的安全卫生条件；有符合国家规定并与其生产经营和服务规模相适应的资金数额和从业人员；有明确的经营范围；能够独立承担民事责任；法律、法规规定的其他条件。

（2）设立程序。符合设立集体企业的条件后，首先向省、自治区、直辖市人民政府规定的部门，提交设立城镇集体企业的申请报告；第二，省、自治区、直辖市人民政府规定的审批部门，依据法律、法规对申请设立的城镇集体企业进行审核，对符合企业设立条件的予以批准成立；第三，被批准设立的城镇集体企业须到工商行政管理机关核准登记，领取《企业法人营业执照》，至此，企业宣告成立，依法办理相关手续和开展生产经营活动。

3. 中外合资经营企业设立的条件和程序

（1）设立条件。根据《中华人民共和国中外合资经营企业法》（以下简称《中外合资经营企业法》）的规定，申请设立合营企业应注重经济效益，符合下列一项或数项要求：采用先进技术设备和科学管理方法，能增加产品品种，提高产品质量和产量，节约能源和材料；有利于技术改造，能做到投资少、见效快、效益大；能扩大产品出口，增加外汇收入；能培训技术人员和经营管理人员。但是，有下列情况之一的，不予批准：有损中国主权的；违反中国法律的；不符合中国国民经济发展要求的；造成环境污染的；签订的协议、合同、章程显属不公平，损害合营一方权益的。

（2）设立程序。符合设立合资经营企业的条件后，依据法律、法规，首先由中国合营者向企业主管部门呈报拟与外国合营者设立合营企业的项目建议书和初步可行性研究报告。该建议书和初步可行性研究报告，经企业主管部门审查同意并转报审批机关批准后，合营各方才能正式进行谈判，从事以可行性研究为中心的各项工作，在此基础上商签合营企业协议、合同和章程。第二，在中国境内设立合营企业，必须经国家对外经济贸易主管部门或其委托的有关的省、自治区、直辖市人民政府或国务院有关部、局审批。待批准后，由国家对外经济贸易主管部门发给批准证书。第三，被批准设立的企业，在办理开业登记时，应当在规定的时限内，由企业的组建负责人向登记主管机关提出申请。登记主管机关应当在受理申请后 30 日内，作出核准登记或者不予核准登记的决定。经核准登记注册，领取《企业法人营业执照》后，企业宣告成立，取得中国法人资格，其合法权益受中国法律保护。

4. 私营企业设立的条件和程序

（1）设立条件。私营企业是指企业资产属于私人所有，雇工 8 人以上的营利性的经济组织。有与生产经营和服务规模相适应的资金和从业人员；有固定的经营场所和必要的设施；有符合国家法律法规和政策规定的经营范围。

（2）设立程序。符合私营企业的开办条件后，准备好办理登记所需要的各种证明文件。首先，到企业所在地的工商行政管理机关申请办理登记；第二，工商行政管理机关接受申请，检查验收书面申请和有关证件，各种手续齐备后，发给申请者申请登记表，由申请人填写后，交回登记主管机关；第三，由工商行政管理机关对申请人提交的文件、证明和填写的申请登记表的有效性、合法性与真实性进行审核查验，并核实实际条件和登记项目，在 30 日内作出审核决定；第四，工商行政管理机关审查、核实后，作出核准登记或不予核准登记的决定；第五，工商行政管理机关核准登记后，向申请人颁发营业执照；第六，按有关规定，在指定刊物上发布公告。

8.3.3　园林绿化企业的分级及经营范围

根据《城市园林绿化企业资质管理办法》的规定，"园林绿化企业按其资质条件，可以分为一级、二级、三级及三级以下 4 个级别"。城市园林绿化企业经营范围包括：各类城市园林绿化规划设计；城市园林绿化工程施工及养护管理；城市园林绿化苗木、花卉、盆景、草坪生产、养护和经营，提供有关城市园林绿化技术咨询、培训、服务等。

1. 一级企业的资质条件及经营范围

一级园林绿化企业应具备下列条件：

（1）具有 8 年以上城市园林绿化经营经历，近 5 年承担过面积为 6 万 m^2 以上的园林绿化综合性工程，并完成栽植、铺植、整地、建筑及小品、花坛、园路、水体、水景、喷泉、驳岸、码头、园林设施及设备安装等工程，经验收，工程质量合格。具有大规模园林绿化苗木、花卉、盆景、草坪的培育、生产、养护和经营能力。具有高水平园林绿化技术咨询、培训和信息服务能力，在本省（自治区、直辖市）或周围地区有较强的技术优势、影响力和辐射力。

（2）企业经理具有 8 年以上从事园林绿化经营管理工作的资历，企业具有园林绿化专业高级技术职称的总工程师、中级以上专业职称的总会计师、经济师。

（3）企业有职称的工程、经济、会计、统计、计算机等专业技术人员占企业年平均职工人数的 15% 以上，且不少于 20 人；具有中级以上技术职称的园林工程师不少于 7 名，建筑师、结构工程师及水、电工程师都不少于 1 名；企业主要技术工种骨干全部持有中级以上岗位合格证书。

（4）企业专业技术工种除包括绿化工、花卉工、草坪工、苗圃二、养护工以外，还应包括瓦工、木工、假山工、木雕工、石雕工、水景工、花街工、电工、焊工、钳工等。三级以上专业技术工人占企业年平均职工人数的 25% 以上。

（5）企业拥有高空修剪车、喷药车、洒水车、起重车、挖掘机、打坑机等技术设备，以及各种工程模具、模板、绘图仪和信息处理系统等。

（6）企业固定资产现值和流动资金在 1000 万元以上，企业年总产值在 1000 万元以上，经济效益良好，利润率在 20% 以上。

（7）企业所承担的工程、培育的植物品种或技术开发项目获得部级以上奖励或获得国际性奖励。

一级企业由省、自治区建设行政主管部门、直辖市园林绿化行政主管部门进行预审，提出意见，报国务院建设行政主管部门审批、发证。一级企业可在全国或国外承包各种规模及类型的城市园林绿化工程，可以从事城市绿化苗木、花卉、盆景、草坪等植物材料的生产经营，可兼营技术咨询、信息服务。

2. 二级企业的资质条件及经营范围

二级企业的资质条件同一级企业一样，也是从 7 个方面规定的，只不过是要求标准有所降低。二级企业应具备的主要条件是：

（1）具有 6 年以上城市园林绿化经营经历，近 4 年承担过面积 3 万 m² 以上的园林绿化综合性工程。

（2）企业经理具有 6 年以上从事园林绿化经营管理工作的资历，具有中级以上技术职称的总工程师，财务负责人具有助理会计师以上职称。

（3）工程、经济、会计、统计等技术人员不少于 15 人，园林工程师不少于 5 名，建筑师及水、电工程师各 1 名。

（4）专业技术工种种类同一级企业的要求一样，三级以上专业技术工人占企业年平均职工人数的 15% 以上，对苗圃工、木雕工、花街工不作严格岗位要求。

（5）拥有高空修剪车、喷药车、挖掘机、打坑机、各种工程模具、模板、绘图仪和计算机等设备和工具，对洒水车、起重车、信息处理系统不作必备要求。

（6）企业固定资产现值和流动资金在 500 万元以上，企业年总产值在 500 万元以上。

（7）企业所承担的工程、培育的植物品种或技术开发项目获得省级以上奖励。

二级企业所在省、自治区建设行政主管部门或者授权机关审批、发证，并报国务院建设行政主管部门备案。二级企业可跨省区承包 50hm² 以下的城市园林绿化综合工程，可以从事城市园林绿化植物材料的生产经营，开展技术咨询、信息服务等业务。

3. 三级企业的资质条件及经营范围

三级企业主要应具备以下资质条件：

（1）具有 4 年以上城市园林绿化经历，近 3 年承担过 1 万 m² 以上的园林绿化综合性工程。

（2）企业经理具有 4 年以上从事园林绿化经营管理工作的资历，企业技术负责人具有园林绿化专业中级以上职称。

（3）有职称的工程、经济、会计、统计等专业技术人员不少于 12 人，园林工程师不少于 3 名，建筑师 1 名。

（4）专业技术工程种类的要求与二级企业基本一样，对石雕工、焊工、钳工不作严格岗位要求，三级以上专业技术人员占企业年平均职工人数的 10%。

（5）企业拥有挖掘机、打坑机、各种工程模具、模板、绘图仪和计算机等设备工具。

（6）企业固定资产现值、流动资金和总产值均在 100 万元以上。

三级企业由所在城市园林绿化行政主管部门审批、发证，报省、自治区建设行政主管部门备案。三级企业可以在省内承包 20hm² 以下的城市绿化工程，可以兼营城市园林绿化植物材料。

三级以下企业资质标准由各城市园林绿化行政主管部门参照上述规定，自行确定。其审批手续同三级一样，其经营范围比三级企业更小。

8.4　行政处罚、行政复议和行政诉讼

8.4.1　行政处罚的有关规定

1. 立法概况

《中华人民共和国行政处罚法》（以下简称《行政处罚法》）是在 1996 年 3 月 17 日第八届全国人民代表大会第四次会议通过，中华人民共和国主席令第 63 号公布，自 1996 年 10 月 11 日起施行的。

制订本法是为了规范行政处罚的设定和实施，保障和监督行政机关有效实施行政管理，维护公共利益和社会秩序，保护公民、法人或者其他组织的合法权益。其主要内容包括：总则；行政处罚的种类和设定；行政处罚的实施机关；行政处罚的管辖和适用；行政处罚的决定；行政处罚的执行；法律责任；附则。共八章 64 条。

2. 行政处罚的概念和分类

（1）行政处罚的概念。行政处罚是指行政机关或者组织，依据法律、法规规定或者授予的行政职权，对违反行政法义务但不具有刑罚性的公民、法人或者其他组织实施的法律制裁。行政处罚是由根据法律规定或授权而享有行政处罚权的行政机关或者组织作出的。

（2）行政处罚的分类。按照《行政处罚法》第二章规定，"行政处罚分为：警告；罚款；没收违法所得、没收非法财物；责令停产停业；暂扣或者吊销许可证、暂扣或者吊销执照；行政拘留；法律、行政法规规定的其他行政处罚"。

按照行政管理的内容和范围，行政处罚分为：治安行政处罚；外汇行政处罚；工商行政处罚；海关行政处罚；农林水利行政处罚；文教卫生行政处罚；城建行政处罚等。

按照对行政相对人处罚性质的不同，行政处罚分为：限制或剥夺权利的行政处罚、科以义务的行政处罚和影响声誉的行政处罚。限制或剥夺权利的行政处罚包括限制人身自由权的行政处罚、限制或剥夺财产权利的行政处罚、限制或剥夺行为权的行政处罚；科以义务的行政处罚包括支付一定数额金钱的义务和付出一定的劳务；影响声誉的行政处罚主要是警告。

按照行政处罚的性质，行政处罚划分为：涉及人身权利的人身罚，如行政拘留；暂扣或吊销许可证或营业执照、责令停产停业等行为罚；罚款、没收违运所得、没收非法财物等财产罚；警告等申诫罚。

3. 实施机关

行政处罚由依法有权或受托实行行政处罚的行政机关实施。行政处罚实施机关除法定的行政机关外，还包括行政法律、法规授权的组织以及行政机关委托的其他行政机关和组织。

8.4.2 行政复议的有关规定

1. 立法概况

《中华人民共和国行政复议法》（以下简称《行政复议法》）是在 1999 年 4 月 29 日第九届全国人民代表大会常务委员会第九次会议审议通过，并于同年 10 月 1 日起施行的。这部法律的颁布实施，对于加强行政机关的内部监督，促进机关合法、正确地行使职权，维护社会的经济秩序，维护公民法人和其他组织的合法权益，维护社会的稳定，都具有重要意义。

行政复议是指公民、法人或其他组织认为行政主体的具体行政行为侵犯其合法权益，依法向行政复议机关提出申请，由行政复议机关依法定程序对原具体行政行为的合法性和适当性进行审查并作出相应决定的活动。它是我国现行法律、法规设定的行政救济途径之一。

2. 行政复议的范围

行政复议的范围包括：

第一，对行政机关作出的警告、罚款、没收违法所得、没收非法财物，责令停产、停业，暂扣或者吊销许可证、执照，行政拘留等行政处罚决定不服的；第二，对行政机关作出的限制人身自由或者查封、扣押、冻结财产等行政强制措施决定不服的；第三，对行政机关作出的有关许可证、执照、资质证、资格证等证书变更、终止、撤销的决定不服的；第四，对行政机关作出的关于确认土地、矿藏、水流、森林、山岭、草原、荒地、滩涂、海域等自然资源的所有权或者使用权的决定不服的；第五，认为行政机关侵犯合法的经营自主权的；第六，认为行政机关变更或者废止农业承包合同，侵犯其合法权益的；第七，认为行政机关违法集资、征收财物、摊派费用或者违法要求履行其他义务的；第八，认为符合法定条件，申请行政机关颁发许可证、执照、资质证、资格证等证书，或者申请行政机关审批、登记有关事项，行政机关没有依法办理的；第九，申请行政机关履行保护人身权利、财产权利、受教育权利的法定职责，行政机关没有依法履行的；第十，申请行政机关依法发放抚恤金、社会保险金或者最低生活保障费，行政机关没有依法发放的；第十一，认为行政机关的其他具体行政行为侵犯其合法权益的。

此外，公民、法人或者其他组织认为行政机关的具体行政行为所依据的有关规定不合法，在对具体行政行为申请行政复议时，可以一并向行政复议机关提出对该规定的审查申请。这些规定指的是国务院部门的规定、县级以上地方各级人民政府及其工作部门的规定和乡镇人民政府的规定。

3. 行政复议程序

行政复议程序一般包括：申请、受理、审理、决定、送达和执行 6 个阶段。

（1）申请。申请人认为具体行政行为侵犯了其合法权益，可以自知道该具体行

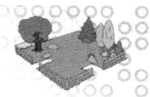

政行为之日起 60 日（但法律规定的申请期限超过 60 日的除外）内，提出行政复议申请。因不可抗力或者其他正当理由耽误法定申请期限的，申请期限自障碍清除之日起继续计算。

申请复议可以书面申请，也可以是口头申请。一般以书面申请为主。口头申请的，行政复议机关应当当场记录申请人的基本情况、行政复议请求、申请行政复议的主要事实、理由和时间。

申请人申请行政复议应当具备下列条件：第一，有明确的被申请人；第二，有具体的复议请求和事实根据；第三，属于申请复议的范围和受理复议机关管辖；第四，必须在法定申请期限内申请复议。

（2）受理。受理是指复议机关对符合条件的复议申请决定立案的行为。行政复议机关收到行政复议申请后，应当在 5 日内进行审查，对不符合条件的复议申请，决定不予受理，并书面告知申请人；对于符合受理条件的，复议机关应当受理；复议机关无正当理由不予受理的，上级行政机关应当责令其受理；必要时，上级机关也可以直接受理。

（3）审理。审理是行政复议机关对受理的行政复议案件进行合法性和适当性审查的过程，它是行政复议程序的核心。

行政复议机关受理行政复议后，依据法律、行政法规、地方性法规、上级行政机关制定和发布的，具有普遍约束力的决定和命令以及民族自治地方的自治条例和单行条例等，以书面审理（也可辅之以必要的调查）的方式，在规定的审理期限内，对行政复议案件的合法性和适当性进行审查。

（4）决定。行政复议决定是指行政复议机关在对行政复议案件进行审查后所做的审查结论。根据《行政复议法》的规定，复议决定有以下几种：

1）决定维持。行政复议机关认为被申请人作出的具体行政行为认定事实清楚，证据确凿充分，使用依据正确，程序合法，内容适当的，决定维持。

2）限期履行决定。行政复议机关经审理后认为被申请人不履行法定职责的，决定其在一定期限内履行。

3）撤销、变更或者确认决定。行政复议机关认为被申请人作出的具体行政行为，有下列情形之一的，决定撤销、变更或者确认该具体行政行为违法的，可以责令被申请人在一定期限内重新作出具体行政行为：主要事实不清、证据不足的；适用依据错误的；违反法定程序的；超越或者滥用职权的；具体行政行为明显不当的。

被申请人不按照《行政复议法》的规定提出书面答复，提交当初作出具体行政行为的证据、依据和其他有关资料的，视为该具体行政行为没有证据、依据，决定撤销该具体行政行为。

行政复议机关责令被申请人重新作出具体行政行为的，被申请人不得以同一的事实和理由作出与原具体行政行为相同或者基本相同的具体行政行为。

4）责令赔偿决定。申请人在申请行政复议的同时可以一并提出行政赔偿请求（也可单独提出赔偿请求），行政复议机关经审查后认为符合国家赔偿法的有关规定，依法应当给予赔偿的，行政复议机关可以同其他决定一并（或单独）作出责令赔偿的决定。

（5）送达。是行政复议机关依照法定程序和方式，将其制作的行政复议决定书送交被申请人的行为。送达可采取直接送达、转交送达、留置送达、委托送达、邮寄送达等方式完成。

（6）执行。发生法律效力的行政复议决定分为终局决定和非终局决定。终局的复议决定一经送达即发生法律效力，当事人必须服从，不得向人民法院提起行政诉讼。对于非终局决定，如果申请人对复议决定不服的，可以在接到行政复议决定之日起15日内，或者法律、法规规定的其他期限内向人民法院提起行政诉讼。申请人逾期对非终局决定既不履行又不起诉的，或者对终局复议决定不履行的，则将要被依法强制执行。

8.4.3 行政诉讼的有关规定

1. 立法概况

《中华人民共和国行政诉讼法》（以下简称《行政诉讼法》）是在1989年4月4日第七届全国人民代表大会第二次会议通过，并于1990年10月1日起施行的。其主要内容包括：总则；受案范围；管辖；诉讼参加人；证据；起诉和受理；审理和判决；执行；侵权赔偿责任；涉外行政诉讼；附则。共十一章75条。

行政诉讼是我国现行法律、法规设定的行政救济途径之二。所谓行政处罚诉讼是指行政处罚相对人认为行政处罚机关的具体行政处罚行为侵犯其合法权益，在法定期限内依法向人民法院起诉，并由人民法院审理裁决的活动。

2. 行政诉讼的要件

行政诉讼的要件主要有：原告是行政处罚相对人，即公民、法人和其他组织，被告是行使国家行政处罚权的行政机关，即作出具体行政处罚行为的行政机关；原告提起诉讼是因其认为行政机关的具体行政处罚行为侵犯其合法权益；必须是法律、法规明文规定当事人可以向人民法院起诉的行政处罚争议案件；必须在法定的期限内向有管辖权的人民法院起诉。

3. 行政处罚诉讼的任务和原则

行政处罚诉讼的主要任务是保护公民、法人和其他组织的合法权益，维护和监督行政机关依法行使行政处罚职权。行政处罚诉讼必须遵循以下基本原则：人民法院依法独立行使行政审判权原则；对诉讼当事人适用法律一律平等的原则；公开审判原则；以事实为根据、以法律为准绳的原则；回避原则；诉讼当事人平等地行使诉讼权利原则；两审终审原则；当事人地位平等原则；使用本民族语言文字进行诉讼原则；

当事人有权进行辩论原则；检察机关进行监督原则等。同时还应遵循以下特殊原则：行政处罚复议当事人选择原则；被告负主要举证责任原则；起诉不停止执行原则；不适用调解和不适用反诉原则；司法变更权原则等。

4. 行政处罚案件的管辖与受理

（1）行政处罚案件的管辖。行政处罚的一般案件都由基层人民法院管辖。中级人民法院管辖的第一审行政处罚案件主要有两类：一类是对由国务院各部门和省、自治区、直辖市人民政府以及省会城市、自治区政府所在地市和经过国务院批准的较大的市的人民政府所在地市作的行政处罚不服提起行政诉讼的案件；二是本辖区内重大的、复杂的案件。高级人民法院管辖的第一审行政处罚案件几乎没有，它只管辖本辖区重大的、复杂的第一审行政处罚案件。最高人民法院管辖全国范围内重大、复杂的第一审行政案件。

（2）行政诉讼期限。行政相对人对行政处罚不服提起诉讼，其诉讼期限的规定是：第一，行政相对人直接起诉，应当在知道行政机关作出行政处罚之日起3个月内提出；第二，先申请复议，对复议决定不服再起诉的，应当自收到复议决定书之日起15日内提出；第三，先申请复议，复议机关逾期不作出复议决定的，应当在复议期满之日起15日内向法院起诉。法院另有规定的除外。

（3）提起诉讼的条件。当行政相对人向法院提起诉讼后，法院要认定诉讼请求符合行政诉讼规定的条件时，才予以受理。《行政诉讼法》规定其提起诉讼应当符合下列条件：原告是认为行政处罚侵犯其合法权益的公民、法人或其他组织；在起诉时有明确的被告，即指出是谁作出的行政处罚侵犯其合法权益；有具体的诉讼请求和相应的事实根据，例如请求法院撤销或变更违法或显失公正的处罚；该案件属于受诉人民法院管辖。

（4）受理。人民法院认为行政相对人的起诉符合受理条件的，应在接到诉状后7日内立案或者作出裁定不予受理。原告对法院不予受理的裁定不服，可以向上一级法院提起上诉。

（5）对行政处罚行为的判决。法院通过审理，认定行政机关作出的处罚决定证据确凿，适用法律依据正确，符合法定程序的，就判决维持。依据《行政诉讼法》规定，"行政机关作出的处罚决定有下列情形之一的，法院要判决撤销或部分撤销：行政机关作出处罚决定，主要证据不足；使用法律依据错误；违反法定程序；行政机关超越职权；行政机关及其工作人员滥用职权等"。

法院对行政处罚决定也可以变更，但法院变更行政处罚只能是针对行政机关显失公正的处罚决定。所谓"显失公正"，是指行政处罚虽然在形式上不违背法律、法规的规定，但在实际上与法律的精神相违背。损害了社会或个人的利益，而表现出明显的不公。也就是说行政机关在作出处罚决定时行使自由裁量权严重不当。在行政审判实践中，可视为行政处罚显失公正的情况有：行政机关认定的部分事实有误，导致行政处罚失当；行政机关认定的损失数额有误，导致赔偿损失数额失当等。

　　法院对行政处罚案件进行审理作出判决后，诉讼当事人双方任何一方对判决不服，依据《行政诉讼法》的规定，都可以向上一级法院提起上诉，第二审法院对上诉案件进行审理后，将分别情况作出裁判：原审判决正确的，维持原判，驳回上诉；原审判决认定事实清楚，但适用法律错误的，依照法律规定改判；原审判决认定事实不清，证据不足，或者违反行政诉讼程序的，撤销原判发回重审。二审判决是终审判决，法院作出判决即发生法律效力。如果当事人认为二审裁判确有错误，可以向原法院或者上一级法院提出申诉。但在申诉期间，判决和裁定不停止执行。

思考练习

1. 简述村庄和集镇规划建设管理的立法。
2. 对村庄和集镇的村容镇貌和卫生的管理有哪些规定？
3. 简述环境保护法的基本原则。
4. 建设项目有哪些环境保护制度？
5. 简述园林绿化企业设立的条件和程序。
6. 简述园林绿化企业的分级及经营范围。
7. 简述行政处罚、行政复议和行政诉讼的立法概况。

参 考 文 献

[1] 李广述. 园林法规 [M]. 北京：中国林业出版社，2003.

[2] 建设部人事教育劳动司，体改法规司. 建设法规教程 [M]. 北京：中国建筑工业出版社，1996.

[3] 杨守山. 园林行业标准规范及产业法规政策实用全书 [M]. 北京：光明日报出版社，2000.

[4] 王灿发. 环境与资源保护法案例 [M]. 北京：中国人民大学出版社，2006.

[5] 吴俊，张晓婧. 北京市风景园林法规研究 [J/OL]. 2007. http://ryan2006.blog.hexun.com.

[6] 宋安成. 绿化工程质量问题 谁"埋单" [J/OL]. 2007. http://house.focus.cn.

[7] 邱彩丽. 民行检察精品案例评析（一）[J/OL]. 2005. http://www.sjw.gov.cn.

[8] 许海建.《无极》生态之灾呼唤健全环境公益诉讼制度 [J/OL]. 2006. http://news.xinhuanet.com.

[9] 张凯. 违法设置大型户外广告案 [J/OL]. 2006. http://www.bzcg.gov.cn.

信息反馈表

尊敬的老师：

　　您好！感谢您对机械工业出版社的支持和厚爱！为了进一步提高我社教材的出版质量，更好地为我国教育发展服务，欢迎您对我社的教材多提宝贵的意见和建议。另外，如果您在教学中选用了《园林景观政策与法规》（阎娓主编），欢迎您提出修改建议和意见。索取课件的授课教师，请填写下面的信息，发送邮件即可。

一、基本信息

姓名：_____ 性别：_____ 职称：_____ 职务：_____

邮编：_____ 地址：_____

任教课程：_____ 电话：_____—_____（H）_____（O）

电子邮件：_____ 手机：_____

二、您对本书的意见和建议

　　（欢迎您指出本书的疏误之处）

三、您对我们的其他意见和建议

请与我们联系：

100037　北京百万庄大街 22 号

机械工业出版社·建筑分社　赵荣　收

Tel：010 - 8837 9744（O），6899 4437（Fax）

E-mail：bookzr@ 126. com

http://www.cmpedu.com（机械工业出版社·教材服务网）

http://www.cmpbook.com（机械工业出版社·门户网）

http://www.golden-book.com（中国科技金书网·机械工业出版社旗下网站）